EERSTE EDITIE - Gepubliceerd in 2022

Extra grafisch materiaal van: www.freepik.com
Dank aan: Alekksall, Starline, Pch.vector, Rawpixel.com, Vectorpocket, Dgim-studio, Upklyak, Macrovector, Stockgiu, Pikisuperstar & Freepik.com Designers

Ontdek gratis online spelletjes

Hier verkrijgbaar:

BestActivityBooks.com/FREEGAMES

5 TIPS OM TE BEGINNEN!

1) HOE OP TE LOSSEN

De Puzzels zijn in een Klassiek Formaat:

- Woorden worden verborgen zonder pauzes (geen spaties, streepjes, ...)
- Oriëntatie: Voorwaarts & Achterwaarts, Boven & Beneden of in Diagonaal (kan in beide richtingen)
- Woorden kunnen elkaar overlappen of kruisen

2) ACTIEF LEREN

Naast elk woord is een spatie voorzien om de vertaling te noteren. Om actief te leren vindt u een **WOORDENBOEK** aan het einde van deze editie om uw kennis te controleren en uit te breiden. U kunt elke vertaling opzoeken en opschrijven, de woorden in de puzzel vinden en ze vervolgens aan uw woordenschat toevoegen!

3) TAG JE WOORDEN

Hebt u al geprobeerd een labelsysteem te gebruiken? U zou bijvoorbeeld de woorden die moeilijk te vinden waren kunnen markeren met een kruis, de woorden die u leuk vond met een ster, nieuwe woorden met een driehoek, zeldzame woorden met een ruit enzovoort...

4) ORGANISEER UW LEREN

Wij bieden ook een handig **NOTITIEBOEKJE** aan het eind van deze uitgave. Of u nu op vakantie, op reis of thuis bent, u kunt uw nieuwe kennis gemakkelijk ordenen zonder dat u een tweede notitieboek nodig hebt!

5) AFGESLOTEN?

Ga naar de bonussectie: **FINAAL UITDAGING** om een gratis spel te vinden dat aan het einde van deze editie wordt aangeboden!

Wil je meer leuke en leerzame activiteiten? Het is Snel en Eenvoudig!
Een hele collectie spelboeken slechts **één klik verwijderd!**

Vind uw volgende uitdaging bij:

BestActivityBooks.com/MijnVolgendeBoek

Klaar... Start!

Wist u dat er zo'n 7000 verschillende talen in de wereld zijn? Woorden zijn kostbaar.

We houden van talen en hebben hard gewerkt om de boeken van de hoogste kwaliteit voor u te maken. Onze ingrediënten?

Een selectie van onmisbare leerthema's, drie grote plakken plezier, dan voegen we er een lepel moeilijke woorden en een snuifje zeldzame woorden aan toe. We serveren ze met zorg en een maximum aan verrukking, zodat je de beste woordspelletjes kunt oplossen en veel plezier beleeft aan het leren!

Uw feedback is essentieel. U kunt een actieve bijdrage leveren aan het succes van dit boek door een recensie achter te laten. Vertel ons wat u het meest beviel in deze editie!

Hier is een korte link die u naar uw bestelpagina brengt:

BestBooksActivity.com/Recensies50

Bedankt voor uw hulp en veel plezier met het spel!

Linguas Classics

1 - Metingen

```
E  V  N  N  J  M  B  C  X  B  C  K  P  L
M  D  P  U  L  G  A  D  A  F  E  I  R  O
P  E  L  I  T  R  O  X  B  T  N  L  O  N
P  K  Z  N  Z  A  N  C  H  O  T  O  F  G
M  R  Y  U  D  M  A  S  A  N  Í  G  U  I
M  I  N  U  T  O  N  Z  A  E  M  R  N  T
B  E  Y  I  Y  U  J  S  L  L  E  A  D  U
P  Y  T  P  I  N  T  A  T  A  T  M  I  D
E  M  T  R  Í  R  F  B  U  D  R  O  D  E
S  T  M  E  O  M  R  J  R  A  O  R  A  C
O  V  O  L  U  M  E  N  A  L  D  K  D  I
Í  A  A  O  R  F  M  X  I  S  S  X  E  M
V  T  E  G  U  Z  S  S  Q  W  V  W  I  A
K  I  L  Ó  M  E  T  R  O  P  N  T  C  L
```

ANCHO	KILÓMETRO
BYTE	LONGITUD
CENTÍMETRO	LITRO
DECIMAL	MASA
PROFUNDIDAD	METRO
PESO	MINUTO
GRAMO	ONZA
ALTURA	PINTA
PULGADA	TONELADA
KILOGRAMO	VOLUMEN

2 - Keuken

```
X R D N D E S P E C I A S Z
N E E S P O N J A A R P C U
A C L F E P N U O L K A U G
H E A H R R K N I D A L C A
B T N C G I V G O E H I H P
R A T S V D G I Y R T L A J
K T A Z A S P E L A E L R Í
Z Í L K R E E O R L N O Ó T
P A R R I L L A K A E S N A
C U C H I L L O S F D T J R
P S L P O C Í X Y O O O A R
C U C H A R A S S O R R R O
C O M I D A N T T I E E R K
T A Z Ó N I J O Y C S S A U
```

TAZAS	CUCHARÓN
PALILLOS	TARRO
PARRILLA	RECETA
CALDERA	DELANTAL
REFRIGERADOR	SERVILLETA
TAZÓN	ESPECIAS
JARRA	ESPONJA
CUCHARAS	COMIDA
CUCHILLOS	TENEDORES
HORNO	

3 - Boten

```
J Z B M A R D N R Z Í Í T U
X U P A Á X O Á Y F H E R B
K J K R L S I U A L U G I M
B W T I E S T T K O U P X
Y A A N C L A I E A Z O U I
Y G F E R R Y C L Y C C L B
T X Í R R B T O A A C É A C
M J L O L A S Í G K U A C G
P O I D H C A N O A E N I T
C O T D Í Í V E L E R O Ó M
G S W O A G R Y Í B D J N F
M D F Í R P N B K L A Y N U
R M A R Í T I M O T T B U K
Q Y U X O H K L R B O Y A O
```

ANCLA
TRIPULACIÓN
BOYA
OLAS
YATE
KAYAK
CANOA
MARÍTIMO
MÁSTIL
MARINERO

LAGO
MOTOR
NÁUTICO
OCÉANO
RÍO
CUERDA
FERRY
BALSA
MAR
VELERO

4 - Chocolade

```
C Q C L U U G P N E H X E A
I A O O X S U R E C E T A R
J A L Y C Q S G X C F D P T
Q M N O Y O T I Ó A A E K E
D S B T R T O G T L V L Q S
F X T Í I Í T I I I O I A A
P P O L V O A Í C D R C R N
A Z Ú C A R X S O A I I O A
A M A R G O Q I R D T O M L
C A R A M E L O D E O S A C
Y C X H J C P P D A D O Y A
D Z I N G R E D I E N T E C
C A C A H U E T E S J T Y A
C O M E R B J K D U L C E O
```

ANTIOXIDANTE	INGREDIENTE
AROMA	CARAMELO
ARTESANAL	COCO
AMARGO	CALIDAD
CACAO	CACAHUETES
CALORÍAS	POLVO
COMER	RECETA
EXÓTICO	GUSTO
FAVORITO	AZÚCAR
DELICIOSO	DULCE

5 - Tijd

```
A H Z D M A Ñ O C C Z V F U
H O R A E E M I N U T O U A
O Y S Q L S D U V A L T T R
R X E N L K P I H X G E U Q
A J M N K W I U O P M M R C
W O A A H M T F É D X P O A
Q X N N R E L O J S Í R C L
A P A B E S V G V P T A S E
A Y E R C X Z W M C D N I N
N D D É C A D A A E J O G D
U H Í Y Q N P L Ñ N M F L A
A B R A L A J H A G D M O R
L A D U J M C Í N O C H E I
C B P T A J J Í A Z K U J O
```

DÍA	MINUTO
DÉCADA	DESPUÉS
SIGLO	NOCHE
AYER	AHORA
AÑO	MAÑANA
ANUAL	FUTURO
CALENDARIO	HORA
RELOJ	HOY
MES	TEMPRANO
MEDIODÍA	SEMANA

6 - Meditatie

```
N  J  Z  P  E  R  S  P  E  C  T  I  V  A
A  A  G  R  A  T  I  T  U  D  E  F  R  V
P  C  T  Í  Y  B  X  M  N  A  M  E  E  I
O  Í  E  U  Í  F  K  V  Y  Q  O  L  S  L
S  K  I  P  R  O  A  S  Q  O  C  I  P  K
T  M  E  N  T  A  L  U  B  C  I  C  I  I
U  N  S  K  Q  A  L  N  W  P  O  I  R  I
R  X  I  Í  C  D  C  E  B  O  N  D  A  D
A  L  L  A  K  Í  V  I  Z  C  E  A  C  F
A  T  E  N  C  I  Ó  N  Ó  A  S  D  I  N
I  Y  N  M  Ú  S  I  C  A  N  J  R  Ó  W
X  Z  C  C  L  A  R  I  D  A  D  X  N  Y
V  C  I  O  B  S  E  R  V  A  C  I  Ó  N
H  T  O  B  P  A  Z  Z  Z  F  H  L  K  C
```

ATENCIÓN
ACEPTACIÓN
RESPIRACIÓN
GRATITUD
EMOCIONES
FELICIDAD
CLARIDAD
POSTURA

MENTAL
MÚSICA
NATURALEZA
OBSERVACIÓN
PERSPECTIVA
SILENCIO
PAZ
BONDAD

7 - Zomer

```
C A M P I N G O Í G N F S J
M U A A L E G R Í A O F C P
D E S T R E L L A S Í C R A
P V A C A C I O N E S R I Z
M Ú S I C A B F P L A E S O
V M G Z R R R A L K N L U O
Z I N B E G O M A A D A C Z
A S A E C Z S I Y G A J O H
M D D J U E R L A E L A M O
I V A A E Y N I Í O I C I G
G X R R R U L A V D A I D A
O S A D D B U C E O S Ó A R
S L Í Í O Í B F T Q V N P J
N X F N S N B U H U N X F S
```

LIBROS
BUCEO
FAMILIA
RECUERDOS
HOGAR
CAMPING
MÚSICA
RELAJACIÓN
VIAJE
SANDALIAS

ESTRELLAS
PLAYA
JARDÍN
VACACIONES
COMIDA
ALEGRÍA
AMIGOS
OCIO
MAR
NADAR

8 - Vogels

```
U G P G F H C U E R V O C A
X G G A T U C Á N P O G I V
D Í P R P O L L O T M H G E
S W E Z L O R O B Ú H O Ü S
Z F L A M E N C O C G G E T
W B Í T X C P P K U P P Ñ R
N D C G R X A I V C I A A U
J Q A A O L V N J O G L T Z
P X N N F R O G H H A O Y O
Z R O S S I R Ü O C V M M T
U H Í O F F E I J I I A N I
T D P O Y N A N Ó S O Í Q X
H U E V O E L O P N T R T Q
P O Í Í E S I O E E A Q W L
```

PALOMA
PATO
HUEVO
FLAMENCO
GANSO
POLLO
CUCO
CUERVO
GAVIOTA
GORRIÓN

CIGÜEÑA
LORO
PAVO REAL
PELÍCANO
PINGÜINO
GARZA
AVESTRUZ
TUCÁN
BÚHO
CISNE

9 - Behoud

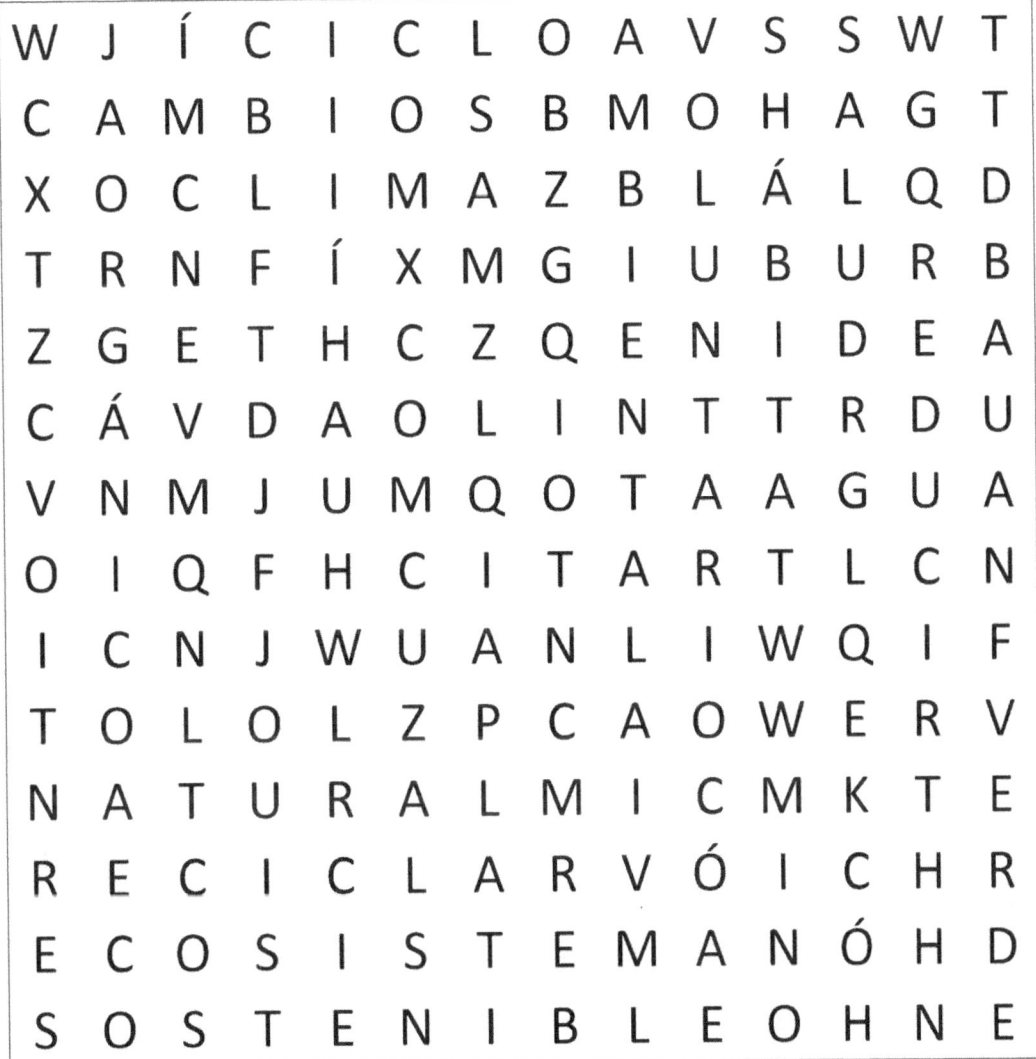

W J Í C I C L O A V S S W T
C A M B I O S B M O H A G T
X O C L I M A Z B L Á L Q D
T R N F Í X M G I U B U R B
Z G E T H C Z Q E N I D E A
C Á V D A O L I N T T R D U
V N M J U M Q O T A A G U A
O I Q F H C I T A R T L C N
I C N J W U A N L I W Q I F
T O L O L Z P C A O W E R V
N A T U R A L M I C M K T E
R E C I C L A R V Ó I C H R
E C O S I S T E M A N Ó H D
S O S T E N I B L E O H N E

SOSTENIBLE
ECOSISTEMA
CICLO
SALUD
VERDE
HÁBITAT
CLIMA
AMBIENTAL
NATURAL

EDUCACIÓN
ORGÁNICO
RECICLAR
CAMBIOS
REDUCIR
CONTAMINACIÓN
VOLUNTARIO
AGUA

10 - Wiskunde

```
D A X N R E C T Á N G U L O
P E R P E N D I C U L A R C
D I V I S I Ó N N N J D E P
T T L W T I R A T M E E C E
Q O L M A M M T A S F C U R
E Q G Z Z W É E V L W I A Í
Á N G U L O S T T J P M C M
P A R A L E L O I R N A I E
E X P O N E N T E C Í L Ó T
T R I Á N G U L O V A A N R
S P A R A L E L O G R A M O
L U N P P O L Í G O N O E Í
M J M D I Á M E T R O X L H
Y C U A D R A D O H Z X C Y
```

DECIMAL
DIÁMETRO
DIVISIÓN
TRIÁNGULO
EXPONENTE
ÁNGULOS
PERPENDICULAR
PERÍMETRO
PARALELO

PARALELOGRAMO
RECTÁNGULO
ARITMÉTICA
SUMA
SIMETRÍA
POLÍGONO
ECUACIÓN
CUADRADO

11 - Camping

```
A  L  H  V  H  A  M  A  C  A  D  J  I  L
F  U  E  G  O  V  S  W  A  K  C  A  Z  A
S  N  W  X  E  E  I  N  S  E  C  T  O  G
S  A  W  M  O  N  T  A  Ñ  A  A  K  N  O
Y  O  R  Á  O  T  T  S  K  A  R  A  A  B
I  L  M  R  B  U  T  Y  F  C  P  N  T  V
R  I  P  B  X  R  N  W  X  A  A  I  U  W
D  N  F  O  R  A  Ú  A  C  K  B  M  R  R
U  T  C  L  Q  E  F  J  C  P  P  A  A  B
C  E  K  E  M  A  R  J  U  L  R  L  L  O
A  R  H  S  A  U  X  O  E  L  S  E  E  S
N  N  T  J  P  F  T  Z  R  Q  A  S  Z  Q
O  A  G  R  A  E  P  K  D  K  M  M  A  U
A  C  E  W  Z  E  J  C  A  B  I  N  A  E
```

AVENTURA	CAZA
MONTAÑA	MAPA
ÁRBOLES	CANOA
BOSQUE	BRÚJULA
FUEGO	LINTERNA
CABINA	LUNA
ANIMALES	LAGO
HAMACA	NATURALEZA
SOMBRERO	CARPA
INSECTO	CUERDA

12 - Activiteiten

```
S  J  P  E  W  Í  L  I  G  F  Í  J  T  R
S  N  J  Y  K  P  E  B  S  O  U  A  B  O
C  V  F  T  O  D  C  O  S  T  U  R  A  M
O  A  C  A  Z  A  T  H  X  O  V  D  I  P
Í  C  M  C  Q  N  U  A  E  G  J  I  L  E
C  P  I  P  B  D  R  B  K  R  V  N  E  C
W  E  I  O  I  Í  A  I  Q  A  P  E  F  A
Q  S  R  X  G  N  M  L  H  F  P  R  A  B
K  C  V  Á  Q  Y  G  I  V  Í  I  Í  T  E
M  A  W  A  M  P  Z  D  J  A  N  A  C  Z
A  C  T  I  V  I  D  A  D  A  T  A  W  A
G  V  T  I  F  I  C  D  K  R  U  W  I  S
I  P  L  A  C  E  R  A  G  T  R  W  J  V
A  R  T  E  S  A  N  Í  A  E  A  T  W  P
```

ACTIVIDAD
ARTESANÍA
BAILE
FOTOGRAFÍA
PESCA
CAZA
CAMPING
CERÁMICA
ARTE

LECTURA
MAGIA
COSTURA
PLACER
ROMPECABEZAS
PINTURA
JARDINERÍA
HABILIDAD
OCIO

13 - Vormen

```
R C O P V F U B Z C Í N U D
E I V O S N I A X W H V W D
C L A L P T O Z E O Z M K Y
T I L Í P R C U R V A R C O
Á N Í G X I I A Y C C O U Z
N D N O E Á P S E F U N J A
G R E N K N M U M V B D X S
U O A O O G T F K A O A R B
L L A D O U P I R Á M I D E
O C O N O L C Í R C U L O J
O Y D M L O B O R D E S M T
V E S F E R A E S Q U I N A
H I P É R B O L A Y O D M B
D B C U A D R A D O M P Z A
```

ESFERA
ARCO
CILINDRO
CÍRCULO
CURVA
TRIÁNGULO
ESQUINA
HIPÉRBOLA
LADO
CONO

CUBO
LÍNEA
OVAL
PIRÁMIDE
PRISMA
BORDES
RECTÁNGULO
RONDA
POLÍGONO
CUADRADO

14 - Astronomie

```
L B T Q T E L E S C O P I O
A S T R Ó N O M O A Y A F Z
I B C O H E T E E D M S Q A
Z J L Z W B L R O A E T M D
C X W Y S U H Y K U T E E C
S O W E G L U N I V E R S O
X A S D L O Í W P Í O O T M
W R T M S S K W L W R I R E
Z P I É O A D O A H O D E T
B R E C L S B H N L B E L A
G K R Z G I L T E O U E L Z
K S R O F P T T T L N N A O
Y O A F X W E E A Z I V A E
A S T R O N A U T A N Y Z N
```

TIERRA
ASTEROIDE
ASTRONAUTA
ASTRÓNOMO
COMETA
COSMOS
LUNA
METEORO

NEBULOSA
PLANETA
COHETE
SATÉLITE
ESTRELLA
TELESCOPIO
UNIVERSO

15 - Emoties

```
A S S P D X A M O R T C E Y
D C M L D K L D N P E O M B
S A T I S F E C H O R N O K
O L R B R P G P K S N T C U
R M I O V A R P G U U E I T
P A S N I X Í E A Í R N O S
R Y T D B U A O G Z A I N I
E H E A Z H H C Í K F D A M
S X Z D K Q M R R I G O D P
A O A B E A T I T U D Y O A
R E L A J A D O E V H R M T
T R A N Q U I L I D A D U Í
A G R A D E C I D O O Q K A
A B U R R I M I E N T O N C
```

MIEDO
AGRADECIDO
TRISTEZA
BEATITUD
CONTENIDO
CALMA
AMOR
RELAJADO
EMOCIONADO
TRANQUILIDAD

SIMPATÍA
TERNURA
SATISFECHO
SORPRESA
ABURRIMIENTO
PAZ
ALEGRÍA
BONDAD
IRA

16 - Vakantie #2

```
L V I S A I J D S T V Q V A
C I E Z Z J W E C O Q V R E
M A P A N E I S L A J A E R
F J L M A R T T E S R I S O
J E A Q V M M I Y X Í P T P
N Z Y I A E O N T R E N A U
R I A W C G Í O D A F T U E
E X T R A N J E R O X A R R
S N Y Í C A M P I N G I A T
E A O L I U I S J Y U W N O
R R B A O P A S A P O R T E
V S Q B N C N B I B K V E J
A B R R E S I E G V S Q F R
S N S G S H H O T E L X E I
```

DESTINO
EXTRANJERO
ISLA
HOTEL
MAPA
CAMPING
AEROPUERTO
PASAPORTE
VIAJE
RESERVAS

RESTAURANTE
PLAYA
TAXI
CARPA
TREN
VACACIONES
VISA
OCIO
MAR

17 - Weersomstandigheden

```
H  F  D  S  J  K  T  B  V  G  F  I  E  P
I  Ú  M  C  I  A  S  I  V  I  E  N  T  O
E  C  M  I  U  Q  V  B  G  O  P  U  R  L
L  B  Q  E  K  Z  N  K  J  M  T  N  T  A
O  Í  W  L  D  O  S  F  K  T  R  D  E  R
C  V  S  O  T  O  R  N  A  D  O  A  M  S
N  I  E  B  L  A  H  U  R  T  P  C  P  E
O  T  D  X  Z  O  X  B  C  O  I  I  E  Q
H  U  R  A  C  Á  N  E  O  R  C  Ó  R  U
Z  J  R  U  M  D  C  L  I  M  A  N  A  Í
B  P  Z  G  E  Q  P  I  R  E  L  K  T  A
R  A  Y  O  O  N  Q  M  I  N  A  G  U  A
M  O  N  Z  Ó  N  O  B  S  T  H  P  R  D
G  A  T  M  Ó  S  F  E  R  A  P  N  A  I
```

ATMÓSFERA	INUNDACIÓN
RAYO	POLAR
TRUENO	ARCO IRIS
SEQUÍA	TORMENTA
CIELO	TEMPERATURA
HIELO	TORNADO
CLIMA	TROPICAL
NIEBLA	HÚMEDO
MONZÓN	VIENTO
HURACÁN	NUBE

18 - Strand

```
I  V  A  C  A  C  I  O  N  E  S  B  Z  A
A  S  E  I  R  Z  Í  U  O  O  Y  A  J  Í
F  V  L  M  U  U  C  A  C  Q  J  R  F  Q
Z  T  P  A  R  A  G  U  A  S  Z  C  R  S
X  O  I  R  Z  A  R  E  N  A  B  O  N  X
B  A  T  P  H  U  H  W  G  Q  I  X  T  E
M  L  X  M  Q  W  L  C  R  X  U  W  U  I
L  L  C  T  C  I  N  A  E  G  C  N  K  F
V  A  O  C  É  A  N  O  J  X  X  N  C  N
E  H  G  F  J  X  Q  S  O  L  L  S  D  A
L  L  L  U  N  T  S  C  F  J  N  H  K  D
E  E  S  A  N  D  A  L  I  A  S  I  D  A
R  C  O  S  T  A  R  R  E  C  I  F  E  R
O  D  U  Q  Í  C  Y  O  Í  W  W  M  V  L
```

AZUL   ARRECIFE
BARCO   SANDALIAS
ISLA   VACACIONES
TOALLA   ARENA
CANGREJO   MAR
COSTA   VELERO
LAGUNA   SOL
OCÉANO   NADAR
PARAGUAS

19 - Eten #2

```
V Z V G W X F V B G R Í Z A
M R X T Q Í T D E V B L A G
P E S C A D O N N W Z C Í M
Q A L M E N D R A A Y A G A
U X R O E S P Á R R A G O N
E X H Z C C E C P O L L O Z
S D P A N O V W O S M S K A
O N I L I J T O M A T E I N
Í R Ñ J Á B R Ó C O L I W A
J I A W A T K L N N I F I Y
H U E V O M A R R O Z U Z O
W Z R E K Q Ó N Í I M V Z G
T R I G O Q Í N O Y Í A C U
B E R E N J E N A G T E G R
```

ALMENDRA	JAMÓN
PIÑA	QUESO
MANZANA	POLLO
ESPÁRRAGO	KIWI
BERENJENA	MELOCOTÓN
PLÁTANO	ARROZ
BRÓCOLI	TRIGO
PAN	TOMATE
UVA	PESCADO
HUEVO	YOGUR

20 - Klimmen

```
F O R M A C I Ó N T B N V Q
M Q K Z C A M E L E S I Ó N
H A G K U S V X L R E A U Y
G F P H E C B P H R S T M E
H U X A V O O E C E T M X S
U I A H A E T R U N R Ó M T
V M V N T H A T R O E S Z A
K V F L T A S O I P C F F B
Z J N F S E L A O O H E N I
U R D M O Y S T S M O R G L
F F Z U Y F Í S I C O A U I
F U E R Z A V G D T R A Í D
O C R K N Q B L A L U O A A
J C E F C B F D D Z D D S D
```

ATMÓSFERA
EXPERTO
FÍSICO
GUÍAS
CUEVA
GUANTES
CASCO
ALTITUD
MAPA

FUERZA
BOTAS
LESIÓN
CURIOSIDAD
FORMACIÓN
ESTRECHO
ESTABILIDAD
TERRENO

21 - Restaurant #1

```
C A R N E Z F Q A M P C A Q
R U M N N Í K E R O I O K Y
O E C A F É O E U G C M A O
B K S H K C W Í M B A I T Y
E H A E I P O L L O N D F T
I R L M R L C O P B T A H D
V W S D K V L E A C E U X G
K T A F Í H A O N X O E U M
S E R V I L L E T A F M W G
C A M A R E R A D P O A E T
A L E R G I A C D L Y A D R
S N Z C P M E N Ú A I K U E
C O C I N A J Z Í T A Z Ó N
C A J E R O F W P O S T R E
```

ALERGIA
PLATO
PAN
COMER
CAJERO
COCINA
POLLO
CAFÉ
TAZÓN
MENÚ

CUCHILLO
PICANTE
RESERVA
SALSA
CAMARERA
SERVILLETA
POSTRE
CARNE
COMIDA

22 - Geologie

```
E  O  U  M  E  S  E  T  A  U  V  D  P  F
I  S  T  E  R  R  E  M  O  T  O  C  F  K
C  Í  T  H  S  E  O  L  D  H  L  C  Ó  Y
S  Í  K  A  V  Q  U  S  E  M  C  A  S  E
C  A  P  A  L  H  S  L  I  K  Á  V  I  C
A  R  F  K  J  A  Á  E  F  Ó  N  E  L  O
L  K  I  X  S  F  C  K  K  T  N  R  Z  N
C  R  D  S  V  J  I  T  T  P  I  N  O  T
I  O  Z  Í  T  B  D  U  I  N  Q  A  N  I
O  L  A  V  A  A  O  A  J  T  R  D  A  N
C  O  R  A  L  L  L  K  U  T  A  W  Y  E
F  U  N  D  I  D  O  E  Í  W  S  A  L  N
G  É  I  S  E  R  D  Í  S  N  U  J  F  T
W  P  I  E  D  R  A  C  U  A  R  Z  O  E
```

TERREMOTO
CALCIO
CONTINENTE
EROSIÓN
FÓSIL
GÉISER
FUNDIDO
CAVERNA
CORAL
CRISTALES

CUARZO
CAPA
LAVA
MESETA
ESTALACTITA
PIEDRA
VOLCÁN
ZONA
SAL
ÁCIDO

23 - Specerijen

```
A J O N V A I N I L L A C C
N Z D Y U V C R D O T S A I
Í D A I J E N G I B R E N L
S O U F Q D Z J K W C H E A
Y R U L R C O M I N O C L N
N K D P C Á O U O N Q M A T
X B C X Í E N R E S A B O R
F E N O G R E C O H C W N O
C L A V O U Í U Í I E A F M
A Í X I M U R R E N B Í D A
S A L N A M A R G O O G Q A
U U P G Y P Q Y Í J L D N O
P I M E N T Ó N T O L Y I Y
C A R D A M O M O G A P H G
```

ANÍS
AMARGO
FENOGRECO
JENGIBRE
CANELA
CARDAMOMO
CURRY
AJO
COMINO
CILANTRO

CLAVO
NUEZ MOSCADA
PIMENTÓN
AZAFRÁN
SABOR
CEBOLLA
VAINILLA
HINOJO
DULCE
SAL

24 - Groenten

```
E  L  Z  P  L  U  P  N  D  L  J  A  R  N
D  N  P  E  P  I  N  O  E  O  F  B  B  A
J  O  S  E  T  A  G  T  O  M  A  T  E  B
X  A  C  A  L  A  B  A  Z  A  L  C  R  O
Y  L  N  P  L  O  L  I  V  A  C  E  E  J
E  S  P  I  N  A  C  A  S  W  A  B  N  E
B  S  E  O  I  Q  D  V  T  U  C  O  J  N
F  T  R  Y  F  L  V  A  R  S  H  L  E  G
A  M  E  R  Á  B  A  N  O  U  O  L  N  I
U  F  J  I  X  I  A  D  O  E  F  A  A  B
G  U  I  S  A  N  T  E  K  K  A  L  K  R
A  B  L  W  U  L  B  R  Ó  C  O  L  I  E
E  J  M  U  C  H  A  L  O  T  E  H  V  G
K  Q  O  Z  A  N  A  H  O  R  I  A  C  W
```

ALCACHOFA	CALABAZA
BERENJENA	NABO
BRÓCOLI	RÁBANO
GUISANTE	ENSALADA
JENGIBRE	APIO
AJO	CHALOTE
PEPINO	ESPINACAS
OLIVA	TOMATE
SETA	CEBOLLA
PEREJIL	ZANAHORIA

25 - Dans

```
D  C  C  O  R  E  O  G  R  A  F  Í  A  W
E  P  L  K  X  G  X  Z  S  O  C  I  O  A
L  V  M  Á  Z  C  O  S  E  A  D  P  V  D
T  I  Ú  W  S  N  T  F  X  R  G  O  I  S
R  U  S  G  V  I  L  A  P  T  R  S  S  C
A  R  I  T  M  O  C  X  R  E  A  T  U  U
D  C  C  U  E  R  P  O  E  N  C  U  A  L
I  U  A  L  E  G  R  E  S  S  I  R  L  T
C  L  Y  D  A  F  X  J  I  A  A  A  M  U
I  T  S  B  E  Z  V  F  V  Y  R  E  Y  R
O  U  F  H  B  M  Z  H  O  O  R  N  Y  A
N  R  E  M  O  C  I  Ó  N  Z  Q  X  L  T
A  A  V  Y  N  Í  I  A  S  A  L  T  A  R
L  L  M  O  V  I  M  I  E  N  T  O  M  N
```

ACADEMIA	CLÁSICO
MOVIMIENTO	ARTE
ALEGRE	CUERPO
COREOGRAFÍA	MÚSICA
CULTURAL	SOCIO
CULTURA	ENSAYO
EMOCIÓN	RITMO
EXPRESIVO	SALTAR
GRACIA	TRADICIONAL
POSTURA	VISUAL

26 - Sport

```
E  S  T  A  D  I  O  G  A  N  A  D  O  R
R  O  M  E  N  T  R  E  N  A  D  O  R  N
J  U  E  G  O  E  A  J  Q  X  Y  Í  E  A
I  W  V  V  A  N  L  B  U  U  S  H  V  D
C  F  Q  T  O  I  M  G  B  G  I  H  Í  A
C  J  Y  O  G  S  B  U  A  B  A  P  R  R
G  I  M  N  A  S  I  A  L  É  A  D  O  K
H  O  C  K  E  Y  C  F  O  I  T  T  O  Á
D  O  L  Y  C  O  I  M  N  S  L  K  N  R
R  G  G  F  N  B  C  U  C  B  E  I  D  B
V  P  Z  A  A  X  L  J  E  O  T  I  M  I
M  S  Z  I  I  K  E  M  S  L  A  M  E  T
I  D  S  X  Í  H  T  I  T  E  X  S  O  R
H  M  L  K  H  Q  A  J  O  O  Í  T  B  O
```

ATLETA	JUEGO
BALONCESTO	JUGADOR
BICICLETA	ESTADIO
GOLF	EQUIPO
GIMNASIA	TENIS
HOCKEY	ENTRENADOR
BÉISBOL	GANADOR
ÁRBITRO	NADAR

27 - Mythologie

```
M  V  N  J  G  U  E  R  R  E  R  O  C  T
X  O  H  S  N  A  X  H  M  R  Y  C  I  Z
H  É  R  O  E  O  X  E  D  Á  S  B  E  K
C  C  A  T  F  U  E  R  Z  A  G  Y  L  J
U  R  Y  L  A  A  Y  O  J  X  M  I  O  H
L  E  O  U  R  L  J  Í  G  N  O  T  C  U
T  A  U  M  Q  J  L  N  L  U  N  R  R  O
U  C  E  L  U  H  J  A  L  B  S  U  I  V
R  I  U  Z  E  C  E  L  O  S  T  E  A  A
A  Ó  C  G  T  Y  N  Z  J  G  R  N  T  N
B  N  E  J  I  L  E  Z  N  X  U  O  U  Z
M  Y  F  L  P  D  N  N  G  R  O  T  R  V
O  R  T  T  O  B  C  L  D  Q  X  J  A  A
D  E  S  A  S  T  R  E  I  A  F  V  A  I
```

ARQUETIPO	FUERZA
RAYO	GUERRERO
CREACIÓN	LEYENDA
CULTURA	MÁGICO
TRUENO	MONSTRUO
HÉROE	DESASTRE
HEROÍNA	MORTAL
CIELO	CRIATURA
CELOS	

28 - Eten #1

```
P  F  C  D  H  X  L  A  A  T  Ú  N  B  U
V  Z  F  O  I  C  E  F  Z  S  Q  Y  Í  Z
C  C  A  R  N  E  C  R  G  Ú  O  Q  B  A
S  M  J  T  A  W  H  E  U  Y  C  P  V  N
A  S  O  Z  L  K  E  S  O  P  W  A  A  A
L  S  S  E  N  S  A  L  A  D  A  R  H
M  A  N  Í  S  A  L  B  A  H  A  C  A  O
F  Y  I  K  P  C  O  E  B  J  Y  E  E  R
W  K  J  X  I  E  A  L  M  U  R  B  E  I
L  I  M  Ó  N  M  I  N  D  G  T  A  G  A
N  T  K  X  A  P  Q  A  E  O  F  D  T  X
J  L  P  J  C  E  B  O  L  L  A  A  J  C
S  I  H  R  A  R  P  K  Q  Í  A  N  S  U
F  N  K  Y  S  A  R  D  X  L  Q  Í  I  J
```

FRESA
ALBAHACA
LIMÓN
CEBADA
CANELA
AJO
LECHE
PERA
MANÍ
ENSALADA

JUGO
SOPA
ESPINACAS
AZÚCAR
ATÚN
CEBOLLA
CARNE
ZANAHORIA
SAL

29 - Avontuur

```
G N E P I G V A L E N T Í A
J U N N W B X I N U S U A L
S E A O T U M T A Q J Y B R
O V V P S U M H Y J X D R P
R O E O E U S S L N E E A R
P Y G R G L L I H Y W S L E
R O A T U Í A E A N O T E P
E X C U R S I Ó N S Q I G A
N A I N I H L A Y X M N R R
D M Ó I D L H Q W M C O Í A
E I N D A B B E L L E Z A C
N G M A D W H X R K B H B I
T O Í D I F I C U L T A D Ó
E S J P E L I G R O S O Z N
```

DESTINO
ENTUSIASMO
EXCURSIÓN
PELIGROSO
OPORTUNIDAD
VALENTÍA
DIFICULTAD
NAVEGACIÓN
NUEVO

INUSUAL
VIAJES
BELLEZA
SEGURIDAD
SORPRENDENTE
PREPARACIÓN
ALEGRÍA
AMIGOS

30 - Circus

```
M A L A B A R I S T A A U N
C B J O B P Í M G Z S J D M
E I G W B F E O Ú L G J T K
G L Í U O D D N P S O W D R
Z L E Q N N Q O A J I B B B
W E D F M A G O Y F D C O S
T T E U A N I M A L E S A S
R E T R O N D E S F I L E P
A A L W A F T D O T I G R E
J Z C A R A M E L O U E W G
E S P E C T A D O R L E Ó N
E N T R E T E N E R H Í I I
A C R Ó B A T A T R U C O V
M A G I A C A R P A Z A B B
```

MONO
ACRÓBATA
GLOBOS
PAYASO
ANIMALES
MAGO
MALABARISTA
BILLETE
TRAJE
LEÓN

MAGIA
MÚSICA
ELEFANTE
DESFILE
CARAMELO
CARPA
TIGRE
ESPECTADOR
TRUCO
ENTRETENER

31 - Restaurant #2

```
S  U  C  E  T  G  A  K  B  H  H  E  J  D
L  I  G  A  N  Z  K  M  C  U  I  S  A  E
P  R  L  A  M  S  P  U  E  E  E  P  V  L
Í  Y  A  L  B  A  A  C  N  V  L  E  U  I
I  T  Z  H  A  T  R  L  A  O  O  C  M  C
P  E  S  C  A  D  O  E  A  S  B  I  E  I
A  N  O  U  L  S  A  L  R  D  V  A  K  O
S  E  U  C  M  F  B  B  T  O  A  S  M  S
T  D  B  H  U  V  E  R  D  U  R  A  S  O
E  O  R  A  E  N  B  S  O  P  A  F  X  J
L  R  M  R  R  F  I  D  E  O  S  R  K  L
Y  Z  O  A  Z  Z  D  G  J  P  G  U  R  S
M  F  S  F  O  E  A  G  U  A  R  T  Í  H
S  T  U  G  T  S  T  L  G  Q  D  A  F  D
```

PASTEL	FIDEOS
CENA	CAMARERO
BEBIDA	ENSALADA
HUEVOS	SOPA
FRUTA	ESPECIAS
VERDURAS	SILLA
DELICIOSO	PESCADO
HIELO	TENEDOR
CUCHARA	AGUA
ALMUERZO	SAL

32 - Bijen

```
C O M I D A H Z Z Q P Í K B
J U Í W A P T U F L O R E S
B A F G L A D X M P L B L O
B I R V A R D X K O I E B L
D L U D S H I V N K N N T H
D P T M Í T V W Z M I E L Á
Q O A K G N E T Y Q Z F I B
F L O R T Í R E I N A I N I
K E K M Í I S C W F D C S T
U N M N F N I Z E P O I E A
T Z F K J U D W P R R O C T
C O L M E N A R F Í A S T J
F N J Y H S D I T C F O O K
E C O S I S T E M A I G N C
```

POLINIZADOR
COLMENA
FLORES
FLOR
DIVERSIDAD
ECOSISTEMA
FRUTA
HÁBITAT
MIEL
INSECTO

REINA
HUMO
POLEN
JARDÍN
ALAS
COMIDA
BENEFICIOSO
CERA
SOL

33 - School #1

```
G R S T Z B D Q Z A R A M C
Í D I V E R S I Ó N E P A A
A U L F X P W V O I S R R R
U Í L M A U L A K Y P E C P
H L A V M E O Z M U U N A E
V L D Y E P Í Y M A E D D T
A T O R N Y L Y N H S E O A
L I B R O S I U X K T R R S
M N T Z E J T U M P A P E L
U E X Á M E N E S A S L S B
E S C R I T O R I O S Á N X
R M U P R O F E S O R P D A
Z A M I G O S U R C I I R U
O B I B L I O T E C A Z S H
```

RESPUESTAS
BIBLIOTECA
LIBROS
ESCRITORIO
EXÁMENES
AULA
PROFESOR
APRENDER
ALMUERZO

CARPETAS
MARCADORES
PAPEL
PLUMAS
DIVERSIÓN
LÁPIZ
EXAMEN
SILLA
AMIGOS

34 - Wandelen

```
Y P I E D R A S C M P U M R
C A M P I N G D U O E G O A
B R P E Z D S Í M N S U S G
R Q Í R A Q N N B T A W Q U
Q U L R E C K B R A D M U A
I E I M A P A B E Ñ O Z I S
B S T R N C A N S A D O T O
G O Í Y M W C R T L J E O L
U H T V Í R L M A I U U S D
Í C W A Q A I Y B C L S C K
A W M D S X M L A C I A G U
S Y S A L V A J E A D Ó D D
O R I E N T A C I Ó N F N O
N A T U R A L E Z A X Q L R
```

MONTAÑA
GUÍAS
MAPA
CAMPING
ACANTILADO
CLIMA
BOTAS
CANSADO
MOSQUITOS
NATURALEZA

ORIENTACIÓN
PARQUES
PIEDRAS
CUMBRE
PREPARACIÓN
AGUA
SALVAJE
SOL
PESADO

35 - Ecologie

```
F C E E X A P C G N V A M Q
A O N A T U R A L E Z A O P
F M M A R I N O O I F A N H
A U K A I Í J S B D M V T P
F N A T U R A L A R F A A L
A I P I V N D O L S Y R Ñ A
U D I V E R S I D A D I A N
N A U P S H F L O R A E S T
A D Y Z P R Á Í P V L D S A
J E U F E G K B T I Z A G S
L S W R C F M N I T A D B W
D O Y I I Q P A N T A N O B
P K B S E Q U Í A H A L Í Y
V E G E T A C I Ó N C T W E
```

MONTAÑAS
DIVERSIDAD
SEQUÍA
FAUNA
FLORA
COMUNIDADES
GLOBAL
HÁBITAT
CLIMA

MARINO
PANTANO
NATURALEZA
NATURAL
PLANTAS
ESPECIE
VARIEDAD
VEGETACIÓN

36 - Installaties

```
R Y C Q E J F F B F Á R B C
M F U M O V L O O M R A O R
P Q H R V G O L T Í B Í S E
F R I J O L R L Á F O Z Q C
H I E D R A A A N W L M U E
G F R U U W U J I D B O E R
Í I B T P S N E C I W Y R J
H O A L F W N B A Y A O I V
O O F E R T I L I Z A N T E
M H J A R D Í N W Z V O D B
L G C A C T U S M U S G O A
A R B U S T O C X D O V G M
Y C V E G E T A C I Ó N Z B
C O O J O H K U J F U S M Ú
```

BAMBÚ
BAYA
HOJA
FLOR
ÁRBOL
FRIJOL
BOSQUE
CACTUS
FLORA
FOLLAJE

HIERBA
CRECER
HIEDRA
FERTILIZANTE
MUSGO
BOTÁNICA
ARBUSTO
JARDÍN
VEGETACIÓN
RAÍZ

37 - School #2

```
T  G  K  M  O  C  H  I  L  A  N  D  N  M
Z  I  F  A  B  I  B  L  I  O  T  E  C  A
A  N  J  T  E  D  U  C  A  C  I  Ó  N  A
P  L  P  E  A  G  Y  X  A  L  K  M  Y  U
A  T  R  M  R  R  Z  R  D  Z  W  R  J  T
T  F  O  Á  C  A  L  E  N  D  A  R  I  O
O  N  F  T  I  M  S  I  L  C  S  T  E  B
S  L  E  I  E  Á  J  O  K  Á  Z  F  P  Ú
E  I  S  C  N  T  B  L  V  P  P  E  A  S
F  B  O  A  C  I  A  S  K  L  A  I  W  P
T  R  R  F  I  C  P  Y  F  U  F  P  Z  K
S  O  E  D  A  A  E  G  B  M  E  F  E  H
H  S  D  E  B  E  R  E  S  A  Y  M  O  L
A  C  A  D  É  M  I  C  O  S  F  N  C  Í
```

ACADÉMICO
BIBLIOTECA
LIBROS
AUTOBÚS
GRAMÁTICA
DEBERES
CALENDARIO
PROFESOR
EDUCACIÓN

PAPEL
PLUMAS
LÁPIZ
MOCHILA
TIJERAS
ZAPATOS
CIENCIA
MATEMÁTICA

38 - Oceaan

```
C  T  A  Q  T  A  T  Ú  N  Y  N  N  K  C
A  I  L  L  H  O  N  P  U  L  P  O  K  A
M  B  G  A  P  E  R  G  D  E  L  F  Í  N
A  U  A  R  E  S  U  M  U  B  Q  R  B  G
R  R  A  R  S  P  C  E  E  I  C  Y  A  R
Ó  Ó  P  E  C  O  C  D  Í  N  L  H  R  E
N  N  N  C  A  N  K  U  R  B  T  A  C  J
H  N  Q  I  D  J  O  S  Q  B  Í  A  O  O
Q  Y  V  F  O  A  Q  A  M  A  R  E  A  S
O  R  N  E  C  O  R  A  L  L  R  K  S  V
V  S  T  O  R  T  U  G  A  L  P  W  A  J
L  P  T  D  N  Z  O  X  T  E  F  I  L  Í
Q  H  Q  R  I  P  U  U  V  N  O  H  N  H
S  C  B  H  A  Q  U  X  K  A  N  N  S  F
```

ANGUILA	PULPO
ALGA	OSTRA
BARCO	ARRECIFE
DELFÍN	TORTUGA
CAMARÓN	ESPONJA
MAREAS	TORMENTA
TIBURÓN	ATÚN
CORAL	PESCADO
CANGREJO	BALLENA
MEDUSA	SAL

39 - Landen #2

```
U C R A N I A E K Z D H C I
M A L A S I A B W E I Q O U
W J J J K W J A P Ó N L J J
N E P A L A O S K Q A I C O
S O M A L I A C Q Q M B A S
F C I K M É X I C O A E E Q
L Í B A N O X N R W R R D Z
F R G Í M C D D W L C I S T
R E U W E T I O P Í A A Y U
A Q B S U G A N D A S N C N
N B V D I Y J E R X I H D M
C F U I G A I S B J R W O A
I G R E C I A I M K I I Í O
A N I G E R I A C Q A W F Q
```

DINAMARCA
ETIOPÍA
FRANCIA
GRECIA
IRLANDA
INDONESIA
JAPÓN
KENIA
LAOS
LÍBANO

LIBERIA
MALASIA
MÉXICO
NEPAL
NIGERIA
UGANDA
UCRANIA
RUSIA
SOMALIA
SIRIA

40 - Bloemen

```
P É T A L O H Z L Z Í U J B
N O W P I M T I X K X Q A U
T D U T L P F H B L D U Z D
U R W G A R D E N I A G M B
L L É P Q N T Z R O S A Í G
I A Y B N E I O Í I W C N L
P V V H O R Q U Í D E A O I
Á A Í E R L P U Í H Í M U R
N N P P A S I O N A R I A I
R D P E M P L U M E R I A O
M A G N O L I A M A P O L A
X A A P M N A R C I S O U Z
W D Y I O Y Í G I R A S O L
H B U M A R G A R I T A N B
```

PÉTALO   MAGNOLIA
RAMO   NARCISO
GARDENIA   ORQUÍDEA
HIBISCO   AMAPOLA
JAZMÍN   PASIONARIA
TRÉBOL   PEONÍA
LAVANDA   PLUMERIA
LIRIO   ROSA
LILA   TULIPÁN
MARGARITA   GIRASOL

41 - Huisdieren

```
P  Z  A  T  G  M  A  C  A  J  V  K  M  L
A  E  U  F  O  F  K  F  H  Q  S  Z  X  A
T  X  S  Z  Q  R  J  Y  Í  X  S  J  E  G
A  P  V  C  R  K  T  Q  R  F  U  M  M  A
S  Y  Q  O  A  N  K  U  R  A  T  Ó  N  R
Q  N  W  L  C  D  G  G  G  C  K  I  U  T
Í  C  R  L  O  R  O  L  I  A  V  Z  O  O
U  O  G  A  M  P  T  O  H  C  A  G  U  A
Y  L  Y  R  I  E  Z  D  Á  H  V  O  D  O
I  A  H  M  D  R  G  C  M  O  U  D  M  H
Q  G  Í  G  A  R  R  A  S  R  Y  V  V  D
G  A  T  I  T  O  H  B  T  R  K  A  R  A
C  O  N  E  J  O  U  R  E  O  J  C  S  Y
V  E  T  E  R  I  N  A  R  I  O  A  X  H
```

VETERINARIO	COLLAR
CABRA	RATÓN
LAGARTO	LORO
HÁMSTER	PATAS
PERRO	CACHORRO
GATO	TORTUGA
GATITO	COLA
GARRAS	PESCADO
VACA	COMIDA
CONEJO	AGUA

42 - Landschappen

```
L  C  P  O  Í  E  Í  Í  F  V  D  V  C  C
J  R  M  A  R  D  D  Í  Z  A  E  O  P  O
M  M  O  S  N  Z  H  V  I  L  S  L  O  L
T  Z  D  I  I  T  F  G  S  L  I  C  S  I
F  Q  G  S  C  G  A  X  L  E  E  Á  U  N
P  L  A  Y  A  A  L  N  A  F  R  N  Í  A
V  C  E  J  S  Y  A  A  O  G  T  D  K  L
I  R  K  S  C  I  A  C  C  É  O  I  J  J
C  U  E  V  A  C  K  H  É  I  N  P  W  B
E  T  U  N  D  R  A  Y  A  S  A  Y  T  R
B  B  O  Z  A  Q  F  D  N  E  Y  R  Í  O
E  L  A  G  O  Q  T  H  O  R  R  D  H  T
R  P  E  N  Í  N  S  U  L  A  R  V  C  O
G  M  O  N  T  A  Ñ  A  Í  U  S  Z  W  V
```

MONTAÑA   OCÉANO
ISLA   RÍO
GÉISER   PENÍNSULA
GLACIAR   PLAYA
CUEVA   TUNDRA
COLINA   VALLE
ICEBERG   VOLCÁN
LAGO   CASCADA
PANTANO   DESIERTO
OASIS   MAR

43 - Tuin

```
W D O G H V Z G T B H C H H
M T E R R A Z A R B U S T O
B Q R O R L M R L M E C J W
T J A C G L G A J A R D Í N
R L Y A N A Í J C J T V I D
A R M S C L N E É A O Í D O
M A N G U E R A S Q Q F W M
P S Q M U S J I P A L A F A
O T U T M T F N E Á R B O L
L R L R J A S L D Z K A R E
Í I J I Y N H X O D M N J Z
N L E Q O Q X W G R J C P A
D L I I X U K S D L O O T S
C O E B V E H I E R B A E H
```

BANCO
FLOR
ÁRBOL
HUERTO
GARAJE
CÉSPED
HIERBA
HAMACA
RASTRILLO
VALLA

MALEZAS
ROCAS
PALA
MANGUERA
ARBUSTO
TERRAZA
TRAMPOLÍN
JARDÍN
ESTANQUE
VID

44 - Katten

```
C G A R R A P S A L V A J E
U R R D N T E H R B Q I C R
R A T Ó N B R R T Á B A O S
I C P W S C S J H B P H J V
O I I S Z V O Q K K C I U T
S O E W F U N P O C O L D D
O S L T T P A F U N W O M O
L O P O C K L C A Z A D O R
A N B A J Q I O W I P V P M
G L E N T S D L C O K G A I
I T G A F A A A Z O G A P R
I B M I J Q D Q U V J Q T V
I N D E P E N D I E N T E C
T Í M I D O J U G U E T Ó N
```

PIEL

HILO

LOCO

GRACIOSO

CAZADOR

GARRA

POCO

RATÓN

CURIOSO

INDEPENDIENTE

PERSONALIDAD

PATA

DORMIR

RÁPIDO

JUGUETÓN

COLA

TÍMIDO

SALVAJE

45 - Beroepen #2

```
C  W  F  F  P  I  L  O  T  O  S  P  I  F
P  T  E  T  N  G  N  Z  X  H  X  I  D  I
B  I  Ó  L  O  G  O  G  F  K  L  N  P  L
D  L  J  Í  L  P  W  X  E  M  G  T  J  Ó
E  U  A  C  I  R  U  J  A  N  O  O  U  S
N  S  R  Z  N  O  D  B  H  M  I  R  K  O
T  T  D  O  G  F  I  H  J  U  B  E  A  F
I  R  I  K  Ü  E  G  O  B  V  Z  Z  R  O
S  A  N  M  I  S  P  T  M  É  D  I  C  O
T  D  E  M  S  O  I  N  V  E  N  T  O  R
A  O  R  F  T  R  J  C  G  W  T  T  Q  J
K  R  O  X  A  S  T  R  O  N  A  U  T  A
P  E  R  I  O  D  I  S  T  A  M  O  G  O
I  N  V  E  S  T  I  G  A  D  O  R  Y  L
```

MÉDICO	PROFESOR
ASTRONAUTA	LINGÜISTA
BIÓLOGO	INVESTIGADOR
CIRUJANO	PILOTO
FILÓSOFO	PINTOR
ILUSTRADOR	DENTISTA
INGENIERO	JARDINERO
PERIODISTA	INVENTOR

46 - Komedie

```
H U M O R O D T U Z F A T Í
A T G R A C I O S O B U E Í
I C C R T E V Z J J U D A W
N E T P F P E S J D H I T T
T Z V O P A R O D I A E R B
E S Y V R Y S I Í G A N O T
L P A C U A I S S F P C Y A
I Q C R G S Ó I N A L I X D
G É N E R O N A F E A A X Q
E X P R E S I V O Í U K K M
N A C T R I Z C H I S T E S
T E L E V I S I Ó N O H P A
E I M P R O V I S A C I Ó N
N L S U P G R J L M F V Q T
```

ACTOR
ACTRIZ
APLAUSO
PAYASOS
EXPRESIVO
RISA
GÉNERO
CHISTES
GRACIOSO

HUMOR
IMPROVISACIÓN
PARODIA
DIVERSIÓN
AUDIENCIA
INTELIGENTE
TELEVISIÓN
TEATRO

47 - Dagen en Maanden

```
H  E  B  E  Z  M  T  S  L  X  M  L  H  F
S  C  W  R  E  I  I  R  Á  S  Y  P  J  E
N  O  V  I  E  M  B  R  E  B  V  K  U  B
C  A  L  E  N  D  A  R  I  O  A  K  L  R
O  V  J  U  N  I  O  R  C  J  D  D  I  E
C  I  S  U  M  Z  Z  Z  T  U  Y  T  O  R
T  E  E  I  A  A  J  P  Í  E  N  E  R  O
U  R  M  S  G  J  R  B  R  V  S  Í  B  O
B  N  A  M  O  T  T  Z  Í  E  S  Z  U  C
R  E  N  L  S  P  P  W  O  S  G  M  O  H
E  S  A  U  T  M  I  É  R  C  O  L  E  S
A  B  J  N  O  Q  D  O  M  I  N  G  O  D
Ñ  U  M  E  S  E  P  T  I  E  M  B  R  E
O  G  K  S  E  E  L  J  N  H  J  K  C  I
```

AGOSTO	LUNES
MARTES	MARZO
JUEVES	NOVIEMBRE
FEBRERO	OCTUBRE
AÑO	SEPTIEMBRE
ENERO	VIERNES
JULIO	SEMANA
JUNIO	MIÉRCOLES
CALENDARIO	SÁBADO
MES	DOMINGO

48 - Beeldende Kunsten

```
T  P  Í  C  V  G  X  E  Y  O  C  L  R  P
F  I  Z  X  P  Í  Z  A  L  B  A  Á  E  E
B  T  Z  B  G  O  U  K  O  R  B  P  T  R
C  P  L  A  N  T  I  L  L  A  A  I  R  S
A  R  P  I  N  T  U  R  A  M  L  Z  A  P
A  R  E  P  K  R  A  C  B  A  L  D  T  E
R  V  T  A  O  C  N  E  A  E  E  P  O  C
C  A  J  I  T  N  W  R  R  S  T  E  K  T
I  G  M  R  S  I  T  Á  N  T  E  L  M  I
L  C  E  R  A  T  V  M  I  R  C  Í  K  V
L  Y  A  V  P  O  A  I  Z  A  A  C  C  A
A  C  A  R  B  Ó  N  C  D  P  L  U  M  A
C  B  M  Y  F  O  T  A  U  A  N  L  E  T
E  S  C  U  L  T  U  R  A  W  D  A  F  C
```

ARTISTA	OBRA MAESTRA
ESCULTURA	PLUMA
CREATIVIDAD	PERSPECTIVA
CABALLETE	RETRATO
PELÍCULA	LÁPIZ
CARBÓN	PINTURA
CERÁMICA	PLANTILLA
ARCILLA	BARNIZ
TIZA	CERA

49 - Menselijk Lichaam

```
L E N G U A G J Y D M B W F
R O D I L L A N V L A O C S
B A R B I L L A A G N C A C
Í P I E L C O D O R O A B U
C I G S S B B E I T I F E E
C E Z T N A Í D J J I Z Z L
H R U Ó O J N O N D B O A L
E N O M Y R O G P Q Y E T O
Y A V A W W E F R H S G Q O
G B J G R Z A J T E X O O O
K Í H O M B R O A L G I N C
M A N D Í B U L A A F P Q B
U P K J J T O B I L L O P A
C O R A Z Ó N C E R E B R O
```

PIERNA	BARBILLA
SANGRE	RODILLA
CODO	ESTÓMAGO
TOBILLO	BOCA
MANO	CUELLO
CORAZÓN	NARIZ
CEREBRO	OREJA
CABEZA	HOMBRO
PIEL	LENGUA
MANDÍBULA	DEDO

50 - Familie

```
P  Í  Q  E  K  I  W  H  N  T  G  Q  Z  L
T  A  X  R  W  N  E  B  I  Y  Í  K  E  Z
Y  Í  D  Í  K  F  N  T  E  S  P  O  S  A
L  C  A  R  W  A  X  C  T  E  N  Z  M  C
Y  R  L  X  E  N  Z  S  O  O  R  U  J  A
V  E  Z  K  N  C  S  O  B  R  I  N  O  B
C  P  V  A  Q  I  G  E  M  E  L  O  S  U
T  V  N  V  U  A  V  M  A  D  R  E  H  E
H  E  R  M  A  N  O  H  R  E  N  U  I  L
A  B  U  E  L  A  Q  K  I  D  I  D  J  O
A  N  T  E  P  A  S  A  D  O  Ñ  F  A  B
P  A  T  E  R  N  O  R  O  G  O  X  C  G
N  I  Ñ  O  Q  J  N  Q  P  S  S  N  E  E
S  O  B  R  I  N  A  H  E  R  M  A  N  A
```

HERMANO	SOBRINA
HIJA	TÍO
ABUELA	ABUELO
INFANCIA	TÍA
NIÑO	GEMELOS
NIÑOS	PADRE
NIETO	PATERNO
MARIDO	ANTEPASADO
MADRE	ESPOSA
SOBRINO	HERMANA

51 - Gebouwen

```
F  S  H  S  T  T  E  A  T  R  O  J  C  F
Á  Í  P  M  A  T  M  Q  S  D  U  X  I  L
B  M  H  Í  G  X  B  W  I  W  Q  H  N  L
R  A  P  A  R  T  A  M  E  N  T  O  E  E
I  I  F  S  A  M  J  M  T  S  Z  T  E  S
C  B  Q  T  N  W  A  Y  U  O  Y  E  K  C
A  E  N  M  J  Y  D  X  Í  S  R  L  R  U
T  S  I  E  A  P  A  A  S  P  E  R  S  E
D  C  A  B  I  N  A  L  P  T  G  O  E  L
L  A  B  O  R  A  T  O  R  I  O  W  I  A
W  R  Í  M  F  O  G  R  A  N  E  R  O  H
T  P  X  X  G  Y  D  E  S  T  A  D  I  O
C  A  S  T  I  L  L  O  R  U  S  P  O  T
Y  N  R  U  N  I  V  E  R  S  I  D  A  D
```

EMBAJADA	MUSEO
APARTAMENTO	ESCUELA
CINE	GRANERO
GRANJA	ESTADIO
CABINA	CARPA
FÁBRICA	TEATRO
HOTEL	TORRE
CASTILLO	UNIVERSIDAD
LABORATORIO	

52 - Kunst

```
P  J  T  Z  Q  K  M  G  H  B  P  N  V  C
T  N  P  Í  S  Í  M  B  O  L  O  B  E  O
P  I  N  T  U  R  A  S  N  C  E  C  I  M
A  E  F  B  E  L  O  Y  E  R  S  O  N  P
F  C  T  D  M  M  I  J  S  E  Í  M  S  O
L  E  V  I  S  U  A  L  T  A  A  P  P  S
O  R  I  G  I  N  A  L  O  R  Z  L  I  I
H  Á  E  S  C  U  L  T  U  R  A  E  R  C
U  M  F  I  G  U  R  A  F  R  P  J  A  I
M  I  S  E  N  C  I  L  L  O  B  O  D  Ó
O  C  M  R  E  T  R  A  T  A  R  E  O  N
R  A  S  U  R  R  E  A  L  I  S  M  O  M
E  X  P  R  E  S  I  Ó  N  A  U  M  F  G
P  E  R  S  O  N  A  L  W  X  P  D  C  V
```

ESCULTURA
COMPLEJO
CREAR
SENCILLO
HONESTO
FIGURA
INSPIRADO
HUMOR
CERÁMICA
TEMA

ORIGINAL
PERSONAL
POESÍA
RETRATAR
COMPOSICIÓN
PINTURAS
SURREALISMO
SÍMBOLO
EXPRESIÓN
VISUAL

53 - Beroepen #1

```
Q C B E D A P E V I T A Q L
B A V V O B S M E D I T O R
N Y M S C O I B T E F L E F
B C X V T G C A E N O E W P
L A O J O A Ó J R F N T Z I
B Z N U R D L A I E T A V A
D A L Q V O O D N R A F A N
N D X S U Í G O A M N Í Z I
P O E I Q E O R R E E I Z S
N R R E U X R E I R R L P T
J O Y E R O Y O O A O P M A
B A I L A R Í N M Ú S I C O
O G I A S T R Ó N O M O A F
G E Ó L O G O A Í Z T A F W
```

ABOGADO	GEÓLOGO
EMBAJADOR	CAZADOR
ASTRÓNOMO	JOYERO
ATLETA	FONTANERO
BANQUERO	MÚSICO
BAILARÍN	PIANISTA
VETERINARIO	PSICÓLOGO
DOCTOR	ENFERMERA
EDITOR	

54 - Kastelen

```
E S P A D A W Y E N Z C F E
A R M A D U R A S O R A E R
P R Í N C I P E C B E B U K
I M P E R I O W U L I A D G
P D O F U T I D E N L A U
A R M M F S B O O T O L L N
L A I T P W Í L R J S O Y I
A G U N M A Z M O R R A O I
C Ó E I C O R O N A E X V O
I N Z D A E Y E W D F Í V R
O T O C A C S Q D D Z J M N
W O M M C A T A P U L T A I
D I N A S T Í A S G C V I O
C A B A L L E R O L Z X Y C
```

DRAGÓN	PARED
DINASTÍA	CABALLO
NOBLE	PALACIO
UNICORNIO	PRÍNCIPE
FEUDAL	PRINCESA
ARMADURA	CABALLERO
CATAPULTA	IMPERIO
MAZMORRA	ESCUDO
REINO	TORRE
CORONA	ESPADA

55 - Insecten

```
G T X V M O S Q U I T O Y W
U P Í G Í A V I S P A T H L
S G J D A V R L U Y L B O E
A L K Z B I M I F P T R R O
N K Í N E S A B P K G G M L
O N Í C J P N É Á O Q K I A
W Y U I A Ó T L U F S V G R
P U L G A N I U K V I A A V
O F S A D A S L I C D D O A
L T E R M I T A G S S M O F
I C J R H C U C A R A C H A
L L F A Z S L Z A I K V W L
L S A L T A M O N T E S C X
A E S C A R A B A J O Q B Y
```

MANTIS   HORMIGA
ABEJA   POLILLA
ÁFIDO   MOSQUITO
CIGARRA   SALTAMONTES
AVISPÓN   TERMITA
CUCARACHA   MARIPOSA
ESCARABAJO   PULGA
LARVA   AVISPA
LIBÉLULA   GUSANO

56 - Antarctica

```
T R O C O S O N U B E S Y A
Q E P E N Í N S U L A B W W
K G M E X P E D I C I Ó N D
B Q A P C I E N T Í F I C O
P I N V E S T I G A D O R J
S G E G V R P V A M Í R P W
E J L C N O A R H I E L O W
R K G A C O N T I N E N T E
A H Z U C N H E U E E I T S
B A H Í A I R Y E R Y S H P
T O P O G R A F Í A A L R E
E K B W U N I R K L T A I C
Y N Í O A P E Q E E Y S G I
P I N G Ü I N O S S E S I E
```

BAHÍA
CONTINENTE
ISLAS
EXPEDICIÓN
GLACIARES
HIELO
MINERALES
INVESTIGADOR
PINGÜINOS

ROCOSO
PENÍNSULA
ESPECIE
TEMPERATURA
TOPOGRAFÍA
AGUA
CIENTÍFICO
NUBES

57 - Ballet

```
V T A S G O M D Z C B C W M
A É G X R E Ú L G N A F C E
E C R Í K L S E C W I B C D
C N A A X R I T M O L A K I
O I C R P C C O O X A I V N
R C I T R L A R L C R L K T
E A A Í Á A A Q M B I A E E
O S D S C E W U Í W N R N N
G A O T T Z X E S T A I S S
R W Y I I A V S L O G N A I
A O U C C E S T I L O E Y D
F M T O A Y D A U U V S O A
Í M Ú S C U L O S A B U Í D
A U D I E N C I A F R U N T
```

APLAUSO
ARTÍSTICO
BAILARINA
COREOGRAFÍA
BAILARINES
GESTO
INTENSIDAD
MÚSICA
ORQUESTA

PRÁCTICA
AUDIENCIA
ENSAYO
RITMO
AGRACIADO
MÚSCULOS
ESTILO
TÉCNICA

58 - Vissen

```
T  Y  G  D  Y  Y  U  G  A  N  C  H  O  P
E  P  L  A  Y  A  O  X  L  S  P  V  J  A
M  B  F  C  A  B  L  E  T  S  O  M  W  C
P  Z  A  O  E  B  A  R  C  O  Q  A  D  I
O  A  Í  C  X  B  G  O  C  É  A  N  O  E
R  G  Q  I  A  R  O  G  T  T  X  D  E  N
A  U  F  N  G  A  L  E  T  A  S  Í  E  C
D  A  V  A  E  N  W  E  G  P  V  B  S  I
A  D  S  R  R  Q  E  Y  T  E  O  U  B  A
B  A  C  Q  A  U  L  Q  Z  S  B  L  A  R
R  X  O  O  C  I  Y  W  U  O  O  A  N  T
H  Í  W  T  I  A  J  M  W  I  D  R  B  G
A  P  O  D  Ó  S  Y  F  D  X  P  P  Q  T
X  Y  J  Y  N  C  E  S  T  A  Í  O  K  T
```

CEBO	CESTA
EQUIPO	LAGO
BARCO	OCÉANO
CABLE	EXAGERACIÓN
PACIENCIA	RÍO
PESO	TEMPORADA
GANCHO	PLAYA
MANDÍBULA	ALETAS
BRANQUIAS	AGUA
COCINAR	

59 - Fruit

```
Í  B  N  M  A  N  G  O  H  F  V  E  N  X
F  A  D  E  A  C  I  R  U  E  L  A  E  F
R  Y  K  L  H  N  W  F  U  V  N  N  C  M
A  A  U  Ó  B  R  Z  C  O  T  I  S  T  E
M  L  A  N  K  K  P  A  P  A  Y  A  A  L
B  C  B  I  L  I  M  Ó  N  O  S  Í  R  O
U  V  A  A  P  W  B  A  R  A  D  R  I  C
E  O  V  P  R  I  C  E  R  E  Z  A  N  O
S  L  N  E  S  I  G  S  M  P  U  F  A  T
A  U  J  B  D  C  C  U  R  E  Í  N  V  Ó
P  L  Á  T  A  N  O  O  R  R  I  M  U  N
I  J  I  C  O  C  O  P  Q  A  G  G  D  F
Ñ  N  A  R  A  N  J  A  T  U  M  N  U  H
A  A  G  U  A  C  A  T  E  F  E  I  H  Q
```

ALBARICOQUE	KIWI
PIÑA	COCO
MANZANA	MANGO
AGUACATE	MELÓN
PLÁTANO	NECTARINA
BAYA	NARANJA
LIMÓN	PAPAYA
UVA	PERA
FRAMBUESA	MELOCOTÓN
CEREZA	CIRUELA

60 - Literatuur

```
A  U  T  O  R  I  D  I  Á  L  O  G  O  R
N  N  F  M  I  X  N  V  I  D  N  T  P  I
É  M  A  B  I  O  G  R  A  F  Í  A  I  T
C  E  A  L  C  E  T  I  Í  J  K  J  N  M
D  T  N  N  O  T  E  M  A  S  D  X  I  O
O  Á  Á  A  M  G  V  A  R  E  O  E  Ó  V
T  F  L  R  P  B  Í  L  Í  P  L  P  N  X
A  O  I  R  A  M  U  A  N  O  V  E  L  A
E  R  S  A  R  L  F  I  C  C  I  Ó  N  L
Y  A  I  D  A  P  K  Í  B  W  X  R  H  S
E  T  S  O  C  O  N  C  L  U  S  I  Ó  N
Í  Í  W  R  I  E  S  T  I  L  O  Y  H  S
R  Í  T  B  Ó  M  T  R  A  G  E  D  I  A
Í  C  N  P  N  A  P  O  É  T  I  C  O  B
```

ANALOGÍA	METÁFORA
ANÁLISIS	POÉTICO
ANÉCDOTA	RIMA
AUTOR	RITMO
BIOGRAFÍA	NOVELA
CONCLUSIÓN	ESTILO
DIÁLOGO	TEMA
FICCIÓN	TRAGEDIA
POEMA	COMPARACIÓN
OPINIÓN	NARRADOR

61 - Technologie

```
G D Y S E G U R I D A D J S
M E N S A J E A R C H I V O
F F N F D I G I T A L L E F
A I Z U T A T Í G I R W T T
I N V E S T I G A C I Ó N W
T T I N O P A N T A L L A A
Z E R T R Y D V M Q E K V R
T R T E D Q S A I D U M E E
V N U I E E I C T R J J G C
Y E A B N I O B Á O U N A U
L T L J A D Q Y N M S S D R
E S T A D Í S T I C A S O S
P Q B L O G J E B Í P R R O
Í F X Z R D Q S R U V L A R
```

MENSAJE
ARCHIVO
BLOG
NAVEGADOR
BYTES
CÁMARA
ORDENADOR
CURSOR
DIGITAL
DATOS

INTERNET
FUENTE
INVESTIGACIÓN
PANTALLA
SOFTWARE
ESTADÍSTICAS
SEGURIDAD
VIRTUAL
VIRUS

62 - Boeken

```
B T Q Z C I H A F Í L Z N Í
T T P G L T T H U O E I K E
Í L K A I R H I S T O R I A
J A S G T Á N X N D O B U P
P V F K E G O J O U Í R E Y
O E S C R I T O V A H P V M
E N R Í A C H Í E L I Á E V
M T C T R O R E L I S G P V
A U W M I W S F A D T I O P
O R Y T O N H R N A Ó N P O
Q A M Y G F E V Q D R A E E
L E C T O R U N B T I M Y S
W H U M O R Í S T I C O A Í
C O N T E X T O T E O B D A
```

AUTOR
AVENTURA
PÁGINA
CONTEXTO
DUALIDAD
EPOPEYA
POEMA
ESCRITO
HISTÓRICO

HUMORÍSTICO
LECTOR
LITERARIO
POESÍA
PERTINENTE
NOVELA
TRÁGICO
HISTORIA

63 - Meer Informatie

```
Í  M  P  F  A  N  T  Á  S  T  I  C  O  L
E  L  V  L  F  U  E  G  O  O  U  I  T  B
J  B  M  O  A  W  S  W  T  Q  Í  L  E  O
C  I  B  X  L  N  C  I  N  E  V  J  C  R
U  N  M  I  S  T  E  R  I  O  S  O  N  Á
H  T  E  O  Í  P  N  T  H  F  M  D  O  C
E  M  O  X  H  G  A  L  A  X  I  A  L  U
X  U  U  P  P  E  R  O  B  O  T  S  O  L
T  N  I  W  Í  L  I  B  R  O  S  X  G  O
R  D  G  P  G  A  O  U  P  R  K  W  Í  N
E  O  K  Y  U  D  I  S  T  O  P  Í  A  D
M  X  T  F  U  T  U  R  I  S  T  A  H  F
O  R  E  A  L  I  S  T  A  Ó  U  B  F  F
I  M  A  G  I  N  A  R  I  O  N  R  X  O
```

CINE
LIBROS
FUEGO
IMAGINARIO
DISTOPÍA
EXPLOSIÓN
EXTREMO
FANTÁSTICO
FUTURISTA
MISTERIOSO

ORÁCULO
PLANETA
REALISTA
ROBOTS
ESCENARIO
GALAXIA
TECNOLOGÍA
UTOPÍA
MUNDO

64 - Regenwoud

```
C O M U N I D A D T H N B I
S U P E R V I V E N C I A N
O N U Í D I V E R S I D A D
N A T U R A L E Z A A S T Í
P R E S E R V A C I Ó N C G
M A M Í F E R O S Í Í S L E
R E S T A U R A C I Ó N I N
R E S P E C I E B N O F M A
E E L R A N F I B I O S A P
F N S I N S E C T O S U Y O
U O U P Á J A R O S E L V A
G H K B E M U S G O O T L D
I X C J E T B O T Á N I C O
O O Í W T S O V A L I O S O
```

ANFIBIOS
PRESERVACIÓN
BOTÁNICO
DIVERSIDAD
COMUNIDAD
INDÍGENA
INSECTOS
SELVA
CLIMA
MUSGO

NATURALEZA
SUPERVIVENCIA
RESPETO
RESTAURACIÓN
ESPECIE
REFUGIO
PÁJAROS
VALIOSO
NUBES
MAMÍFEROS

65 - Haartypes

```
A P L A T A M L R C F U Z Q
G R U E S O C A L V O W G A
R I B J A A A R R Q S R H B
I Z L F L B B G I R Z Í T K
S O A N U H E O Z M Ó E O O
M S N E D E L G A D A N N O
Y I C G A Y L E D G M O D J
J D O R B K U V O M I D U O
R H Y O L B D A H H Í J L O
S U A V E S O B D S L C A J
A T B T R E N Z A D O M D Y
J E P I P C B Y I F I I O W
V D A Q O O A G H M T E P S
C O L O R E A D O Y L Q Z C
```

RUBIO
MARRÓN
GRUESO
SECO
DELGADA
COLOREADO
TRENZADO
SALUDABLE
ONDULADO
GRIS

CABELLUDO
CALVO
CORTO
RIZOS
RIZADO
LARGO
BLANCO
SUAVE
PLATA
NEGRO

66 - Stad

```
F  P  U  N  I  V  E  R  S  I  D  A  D  G
B  A  L  G  E  S  C  U  E  L  A  K  S  K
I  N  R  Z  S  C  C  I  N  E  I  B  L  G
B  A  T  M  T  I  E  N  D  A  M  Q  K  A
L  D  X  R  A  L  I  B  R  E  R  Í  A  L
I  E  Y  R  D  C  F  E  C  B  Í  J  T  E
O  R  E  Í  I  L  I  L  Z  F  A  Q  B  R
T  Í  T  M  O  Í  I  A  O  H  H  N  V  Í
E  A  E  E  U  N  R  W  O  R  P  F  C  A
C  B  A  R  N  I  V  V  A  I  I  P  G  O
A  F  T  C  P  C  M  U  S  E  O  S  K  Q
C  D  R  A  P  A  Y  Z  Z  V  T  Y  T  J
C  E  O  D  R  H  O  T  E  L  W  T  P  A
P  H  F  O  A  E  R  O  P  U  E  R  T  O
```

FARMACIA	CLÍNICA
PANADERÍA	AEROPUERTO
BANCO	MERCADO
BIBLIOTECA	MUSEO
CINE	ESCUELA
FLORISTA	ESTADIO
LIBRERÍA	TEATRO
ZOO	UNIVERSIDAD
GALERÍA	TIENDA
HOTEL	

67 - Natuur

```
R X V A N I M A L E S P R B
W K I B K U F N U B E S U Z
N Z T E F T B X F D U Z F W
U J A J P F O L L A J E B I
S R L A I P O X Á V T R Í O
S E T S A N T U A R I O I M
E F R R Í A R T M K T S A D
O U C E O I D I N Á M I C O
R G C I N P S O C F P Ó C G
G I X V F O I L C X L N J O
B O S Q U E G C N E V N E J
G L A C I A R S A L V A J E
D E S I E R T O X L G S A G
N I E B L A B E L L E Z A W
```

ÁRTICO
ABEJAS
BOSQUE
ANIMALES
DINÁMICO
EROSIÓN
FOLLAJE
GLACIAR
SANTUARIO
NIEBLA

RÍO
BELLEZA
REFUGIO
SERENO
TROPICAL
VITAL
SALVAJE
DESIERTO
NUBES

68 - Dinosaurussen

```
M P G O M N Í V O R O G P T
M A M U T P K Í Y V G P O I
H Í W N Z A J M T I A U D E
G C J H L G R A N D E T E R
T A M A Ñ O E N O R M E R R
E R B N B E C F A T C A O A
S N Y Q B M V M Ó H J L S C
P Í U V G Q V O Í S X A O O
E V I C I O S O L P I S J L
C O R A P T O R R U R L T A
I R E P T I L F K K C E E N
E O H E R B Í V O R O I S S
D E S A P A R I C I Ó N Ó A
P R E H I S T Ó R I C O Y N
```

TIERRA	OMNÍVORO
CARNÍVORO	PREHISTÓRICO
ENORME	PRESA
EVOLUCIÓN	REPTIL
FÓSILES	RAPTOR
GRANDE	ESPECIE
TAMAÑO	COLA
HERBÍVORO	DESAPARICIÓN
PODEROSO	VICIOSO
MAMUT	ALAS

69 - Zoogdieren

```
D  Í  I  B  C  A  B  R  A  M  O  N  J  Z
G  Y  J  A  D  O  C  C  O  Y  O  T  E  O
I  Y  Í  L  E  Ó  N  L  D  G  M  N  M  R
G  N  R  L  L  K  C  E  C  A  S  T  O  R
C  L  Í  E  F  H  H  K  J  T  O  R  O  O
A  I  O  N  Í  B  U  R  R  O  C  T  P  Y
M  C  P  A  N  J  I  R  A  F  A  O  D  C
E  L  E  F  A  N  T  E  V  B  N  V  P  C
L  C  A  B  A  L  L  O  H  X  G  L  F  I
L  P  E  R  R  O  P  S  W  S  U  M  O  F
O  O  N  S  G  B  T  P  G  O  R  I  L  A
D  S  Q  S  V  O  T  Í  I  I  O  A  I  Í
N  D  U  Í  L  Y  S  O  Í  X  Y  O  W  E
Q  P  L  V  S  Í  X  D  R  B  X  G  F  R
```

MONO	CANGURO
CASTOR	GATO
COYOTE	CONEJO
DELFÍN	LEÓN
BURRO	ELEFANTE
CABRA	CABALLO
JIRAFA	TORO
GORILA	ZORRO
PERRO	BALLENA
CAMELLO	LOBO

70 - 1 Jaar Geleden

```
I  T  R  I  L  A  P  R  Á  C  T  I  C  O
N  B  U  Í  N  I  R  C  U  R  I  O  S  O
D  L  S  C  Í  T  M  T  S  A  B  I  O  G
E  E  S  O  C  A  E  P  Í  G  V  Z  Í  L
P  N  S  Í  O  P  N  L  I  S  S  Í  V  K
E  C  F  Q  O  A  H  G  I  O  T  B  F  M
N  A  I  O  Z  S  G  R  Z  G  D  I  J  J
D  N  A  Ú  T  I  L  A  K  E  E  E  C  Í
I  T  B  K  Í  O  P  C  F  N  C  N  V  O
E  A  L  X  Z  N  T  I  X  E  I  K  T  H
N  D  E  L  T  A  P  O  H  R  S  Z  Y  E
T  O  Q  M  O  D  E  S  T  O  I  X  Q  V
E  R  U  I  L  O  K  O  R  S  V  B  S  Í
E  F  I  C  I  E  N  T  E  O  O  F  O  I
```

ARTÍSTICO	GRACIOSO
ÚTIL	GENEROSO
MODESTO	INTELIGENTE
DECISIVO	CURIOSO
FIABLE	INDEPENDIENTE
ENCANTADOR	PRÁCTICO
EFICIENTE	LIMPIO
APASIONADO	SABIO
BIEN	

71 - Kampioenschap

```
T R A N S P I R A C I Ó N E
J O I G V I C T O R I A T N
U U R E N D I M I E N T O T
E D E N S Q L X T S F L E R
G E M Z E X I D Z P I T S E
O Z C O U O G W K I N V T N
S K Q B L B A C M R A R R A
I B E V X V M E D A L L A D
Y B E Q U I P O P R I D T O
D E P O R T E S S R S K E R
M O T I V A C I Ó N T C G B
C A M P E O N A T O A P I Í
C A M P E Ó N Z H C I B A K
P K X J P X W D C Z C Z T M
```

RESPIRAR
FINALISTA
JUEGOS
CAMPEÓN
CAMPEONATO
LIGA
MEDALLA
MOTIVACIÓN
RENDIMIENTO

JUEZ
DEPORTES
ESTRATEGIA
EQUIPO
TORNEO
ENTRENADOR
TRANSPIRACIÓN
VICTORIA

72 - Exploratie

```
T  T  E  W  A  P  R  E  N  D  E  R  L  D
E  X  S  E  P  C  S  A  L  V  A  J  E  E
R  W  P  U  E  B  T  M  Y  W  L  G  X  T
R  S  A  F  L  C  D  I  S  T  A  N  T  E
E  E  C  V  I  A  J  E  V  L  O  Q  P  R
N  M  I  Z  G  C  N  I  D  I  O  M  A  M
O  O  O  U  R  P  U  C  X  L  D  V  R  I
C  C  G  U  O  V  E  L  I  I  M  A  B  N
V  I  Y  G  S  C  V  F  T  Y  W  I  D  A
Y  Ó  O  R  O  E  O  V  O  U  D  Y  Í  C
A  N  I  M  A  L  E  S  R  X  R  M  H  I
D  E  S  C  O  N  O  C  I  D  O  A  I  Ó
A  G  O  T  A  M  I  E  N  T  O  J  S  N
D  Z  R  I  C  O  R  A  J  E  L  N  U  S
```

ACTIVIDAD
DETERMINACIÓN
CULTURAS
ANIMALES
PELIGROSO
APRENDER
CORAJE
NUEVO
DESCONOCIDO

EMOCIÓN
VIAJE
ESPACIO
IDIOMA
TERRENO
AGOTAMIENTO
DISTANTE
SALVAJE

73 - Voertuigen

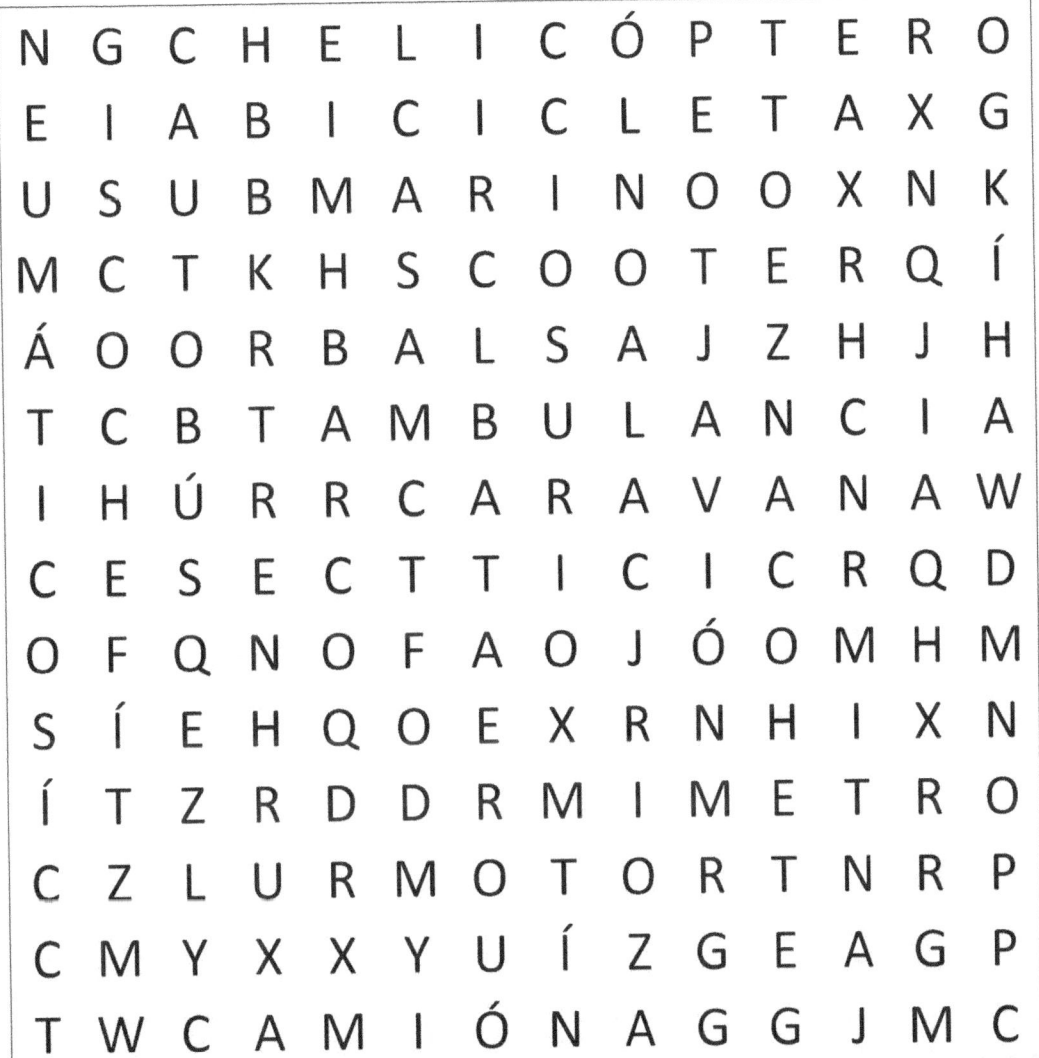

N G C H E L I C Ó P T E R O
E I A B I C I C L E T A X G
U S U B M A R I N O O X N K
M C T K H S C O O T E R Q Í
Á O O R B A L S A J Z H J H
T C B T A M B U L A N C I A
I H Ú R R C A R A V A N A W
C E S E C T T I C I C R Q D
O F Q N O F A O J Ó O M H M
S Í E H Q O E X R N H I X N
Í T Z R D D R M I M E T R O
C Z L U R M O T O R T N R P
C M Y X X Y U Í Z G E A G P
T W C A M I Ó N A G G J M C

AMBULANCIA
COCHE
NEUMÁTICOS
BARCO
AUTOBÚS
CARAVANA
BICICLETA
HELICÓPTERO
METRO
MOTOR

SUBMARINO
COHETE
SCOOTER
TAXI
TRACTOR
TREN
FERRY
AVIÓN
BALSA
CAMIÓN

74 - Geografie

```
I  B  R  C  Z  W  W  C  X  Í  Q  O  K  P
U  H  E  M  I  S  F  E  R  I  O  X  G  M
A  I  S  L  A  U  Y  M  U  N  D  O  H  R
T  L  R  N  W  R  D  I  R  S  T  E  X  D
L  R  T  B  D  E  M  A  R  R  Í  O  C  O
A  M  E  I  M  E  R  I  D  I  A  N  O  E
S  O  L  G  T  E  C  U  A  D  O  R  N  S
F  N  A  O  I  U  M  A  P  A  P  P  T  T
J  T  T  C  Z  Ó  D  Y  A  Q  H  A  I  E
B  A  I  É  Z  M  N  O  R  T  E  Í  N  R
X  Ñ  T  A  I  C  T  M  J  M  Y  S  E  E
O  A  U  N  Z  I  H  F  D  F  I  A  N  E
J  P  D  O  Y  V  E  H  F  G  H  R  T  I
K  G  G  O  D  R  E  V  A  A  V  V  E  A
```

ATLAS	MERIDIANO
MONTAÑA	NORTE
LATITUD	OCÉANO
CONTINENTE	REGIÓN
ISLA	RÍO
ECUADOR	CIUDAD
HEMISFERIO	MUNDO
ALTITUD	OESTE
MAPA	MAR
PAÍS	SUR

75 - Kunstbenodigdheden

```
F  J  B  C  R  E  A  T  I  V  I  D  A  D
A  M  E  S  A  P  D  I  I  C  U  C  O  C
Y  C  Á  M  A  R  A  Z  S  E  M  A  W  O
T  I  N  T  A  C  B  P  I  P  L  B  A  L
P  S  K  O  W  U  V  Ó  E  I  Á  A  C  O
P  I  N  T  U  R  A  S  N  L  P  L  R  R
A  R  C  I  L  L  A  N  Í  L  I  L  Í  E
P  A  S  T  E  L  E  S  O  O  C  E  L  S
N  A  C  U  A  R  E  L  A  S  E  T  I  A
Í  S  I  L  L  A  Z  G  N  B  S  E  C  C
K  V  Í  E  P  E  G  A  M  E  N  T  O  E
X  O  I  Y  J  H  P  C  H  R  I  N  G  I
A  G  U  A  F  P  I  H  V  G  O  Z  V  T
B  O  R  R  A  D  O  R  S  G  Z  P  V  E
```

ACRÍLICO	COLORES
ACUARELAS	PEGAMENTO
CEPILLOS	ACEITE
CÁMARA	PAPEL
CREATIVIDAD	PASTELES
CABALLETE	LÁPICES
BORRADOR	SILLA
CARBÓN	MESA
TINTA	PINTURAS
ARCILLA	AGUA

76 - Barbecues

```
T  E  N  E  D  O  R  E  S  S  R  X  D  G
P  O  L  L  O  G  C  H  Z  N  B  R  T  F
W  I  C  A  L  I  E  N  T  E  S  F  O  I
C  H  M  H  Í  C  N  G  F  M  A  Í  M  N
E  Z  E  I  X  D  A  G  Z  X  L  F  A  V
B  N  K  V  E  R  D  U  R  A  S  A  T  I
O  H  S  C  J  N  E  M  N  L  P  M  E  T
L  V  A  A  Z  O  T  B  F  M  A  I  S  A
L  D  V  X  L  J  M  A  X  U  R  L  A  C
A  P  Q  E  H  A  M  B  R  E  R  I  L  I
S  Q  R  U  R  E  D  M  F  R  I  A  S  Ó
F  R  U  T  A  A  D  A  T  Z  L  N  A  N
M  Ú  S  I  C  A  N  I  S  O  L  H  W  A
C  U  C  H  I  L  L  O  S  N  A  M  S  H
```

CENA
FAMILIA
FRUTA
PARRILLA
VERDURAS
CALIENTE
HAMBRE
POLLO
ALMUERZO
CUCHILLOS

MÚSICA
PIMIENTA
ENSALADAS
SALSA
TOMATES
CEBOLLAS
INVITACIÓN
TENEDORES
VERANO
SAL

77 - Wetenschappelijke Discip

```
V G M B P S I C O L O G Í A
I E E I Q O M E C Á N I C A
N O T O U C U V N Y Z A X M
M L E Q Í I V S Í O X V T I
U O O U M O N Í F F A F V N
N G R Í I L E R A Í N I F E
O Í O M C O U B F Í A S E R
L A L I A G R O B Ó T I C A
O F O C G Í O T A W O O O L
G G G A N A L Á O D M L L O
Í L Í N Y A O N D I Í O O G
A K A T Y S G I F N A G G Í
M U G K S Í Í C C X N Í Í A
Í R H E Í B A A T A X A A I
```

ANATOMÍA
BIOQUÍMICA
QUÍMICA
ECOLOGÍA
FISIOLOGÍA
GEOLOGÍA
INMUNOLOGÍA
MECÁNICA

METEOROLOGÍA
MINERALOGÍA
NEUROLOGÍA
BOTÁNICA
PSICOLOGÍA
ROBÓTICA
SOCIOLOGÍA

78 - Bijvoeglijke Naamwoorden

```
X  G  F  F  D  A  U  T  É  N  T  I  C  O
C  S  Y  T  Í  R  S  Q  H  A  H  R  J  B
V  T  C  W  I  S  A  L  U  D  A  B  L  E
N  A  T  U  R  A  L  M  Í  M  M  H  P  S
D  O  T  A  D  O  A  X  Á  M  B  B  D  O
C  J  V  F  W  Z  D  R  O  T  R  H  M  M
N  U  E  V  O  G  O  S  Y  L  I  E  B  N
I  N  T  E  R  E  S  A  N  T  E  C  N  O
Q  Z  F  G  L  R  C  L  R  U  N  Y  O  L
M  C  R  E  A  T  I  V  O  J  T  A  R  I
C  A  N  S  A  D  O  A  P  Í  O  C  M  E
F  U  E  R  T  E  T  J  Q  U  O  T  A  N
E  E  A  O  A  C  G  E  A  H  R  H  L  T
R  E  S  P  O  N  S  A  B  L  E  O  Í  O
```

AUTÉNTICO
DOTADO
CREATIVO
DRAMÁTICO
SALUDABLE
HAMBRIENTO
INTERESANTE
CANSADO
NATURAL

NUEVO
NORMAL
SOMNOLIENTO
FUERTE
RESPONSABLE
SALVAJE
SALADO
PURO

79 - Kleding

```
V G P A N T A L O N E S Q C
E U B F F R H H L L M U H A
S A S Z A P A T O K A É K L
T N O L L A Q W M U I T C C
I T M V D B B D D W V E H E
D E B N A R P U L S E R A T
O S R F M I Í G C A J B Q I
J K E C M G W N N N R L U N
M C R Q O O F A O D O U E E
Y O O D E L A N T A L S T S
A M D W R S L O A L A A A V
O G C A M I S A P I J A M A
B U F A N D A V R A S X B Y
C I N T U R Ó N Í S Y J L N
```

PULSERA
BLUSA
PANTALONES
GUANTES
SOMBRERO
ABRIGO
CHAQUETA
VESTIDO
COLLAR
MODA

PIJAMA
CINTURÓN
FALDA
SANDALIAS
ZAPATO
DELANTAL
CAMISA
BUFANDA
CALCETINES
SUÉTER

80 - Vliegtuigen

```
O C G Í H R W F R G A E C D
K M D L I E N F I L T Í O I
A T M Ó S F E R A O E K N R
I R A C T C P N P B R A S E
R I F H O M I R I O R V T C
E P O G R M O E Z A I E R C
F U K H I Í B T L E Z N U I
N L C M A W X U O O A T C Ó
A A P I L O T O S R J U C N
V C D I S E Ñ O S T E R I R
E I A L T U R A B L I A Ó C
G Ó H I D R Ó G E N O B N S
A N P A S A J E R O U U L J
R D E S C E N S O Í T H Z E
```

DESCENSO
ATMÓSFERA
AVENTURA
GLOBO
TRIPULACIÓN
CONSTRUCCIÓN
COMBUSTIBLE
HISTORIA
CIELO
ALTURA

ATERRIZAJE
AIRE
MOTOR
NAVEGAR
DISEÑO
PASAJERO
PILOTO
DIRECCIÓN
HIDRÓGENO

81 - Herbalisme

```
I N G R E D I E N T E S A C
E S T R A G Ó N J R F D L H
L C Z O Í H Í S C Q L S A I
A A C U L I N A R I O W Z N
T L V P E V B B X R R C A O
R I B A E G X O Q C A K F J
U D M A N R W R R O M E R O
B A T M H D E L W F U N Á R
O D N O B A A J O Í Q E N É
V E R D E Í C B I Z F L A G
J A R D Í N R A L L W D A A
I Q O A R O M Á T I C O E N
M E J O R A N A J Z R Q I O
R M Í E G H D T O M I L L O
```

AROMÁTICO
ALBAHACA
FLOR
CULINARIO
ENELDO
ESTRAGÓN
VERDE
INGREDIENTE
AJO
CALIDAD

LAVANDA
MEJORANA
ORÉGANO
PEREJIL
ROMERO
AZAFRÁN
SABOR
TOMILLO
JARDÍN
HINOJO

82 - Meubels

```
C  Ó  M  O  D  A  Y  L  E  S  P  E  J  O
M  O  E  S  T  A  N  T  E  S  C  A  L  E
Y  A  R  A  W  B  P  F  I  E  O  L  E  S
Y  L  R  T  N  B  C  H  A  D  L  F  S  T
L  M  Z  Z  I  A  A  Q  X  R  C  O  C  A
Á  O  X  O  V  N  M  N  Í  E  H  M  R  N
M  H  I  P  M  V  A  H  C  D  Ó  B  I  T
P  A  Y  E  P  D  P  S  K  O  N  R  T  E
A  D  S  I  L  L  A  C  U  N  P  A  O  R
R  A  K  I  O  F  O  S  J  E  T  F  R  Í
A  V  O  R  L  O  C  K  W  S  Í  U  I  A
J  X  C  Í  D  L  Í  P  G  N  J  T  O  Z
H  A  M  A  C  A  Ó  B  M  X  Y  Ó  Y  V
C  O  J  I  N  E  S  N  T  S  E  N  Í  F
```

BANCO
CAMA
ESTANTERÍA
ESCRITORIO
EDREDONES
CÓMODA
SILLÓN
FUTÓN
CORTINAS

HAMACA
ALMOHADA
COJINES
LÁMPARA
COLCHÓN
ESTANTES
ESPEJO
SILLA
ALFOMBRA

83 - Piraten

```
P T C E Q A C G Q P L A Y A
E R U S V C V A E D O R O G
L I E P K L O E P Y R O N E
I P V A L U C P N I O F G Q
G U A D C K É P P T T P D P
R L G A Y Í A E I E U Á V S
O A B K S M N P O S J R N J
B C M A L O O H B O D P A C
Q I A N N D Y F S R X V U O
V Ó P C T D A O T O Í O K P
F N A L U U E L E Y E N D A
R E B A A U Y R I S L A I R
C I C A T R I Z A E L H W M
Í Y A B R Ú J U L A W V V W
```

ANCLA	LEYENDA
AVENTURA	CICATRIZ
TRIPULACIÓN	OCÉANO
ISLA	LORO
PELIGRO	RON
ORO	TESORO
CUEVA	MALO
MAPA	PLAYA
CAPITÁN	BANDERA
BRÚJULA	ESPADA

84 - Om in te Vullen

```
J  A  B  C  U  B  O  E  J  X  D  P  I  C
A  C  O  A  A  T  U  B  O  Í  U  O  M  E
R  U  L  J  R  J  A  H  V  T  B  J  Í  S
R  E  S  Ó  K  R  V  S  U  A  O  Q  X  T
Ó  N  I  N  U  K  I  C  A  R  T  Ó  N  A
N  C  L  Y  Z  P  S  L  J  R  E  B  Í  I
N  A  L  O  L  V  A  O  D  O  L  A  T  O
H  O  O  O  F  C  M  Q  B  Í  L  U  E  T
Z  V  P  Z  N  A  G  X  U  R  A  C  O  H
Í  U  N  N  P  R  Y  K  A  E  E  X  Í  R
R  U  M  Q  H  P  I  M  R  E  T  H  N  H
G  V  M  B  L  E  W  C  A  J  A  E  J  Y
P  P  O  U  G  T  B  A  N  D  E  J  A  P
F  J  Q  P  D  A  M  A  L  E  T  A  R  L
```

CUENCA	CAJÓN
TUBO	CESTA
BANDEJA	CARPETA
CAJA	PAQUETE
CUBO	TARRO
SOBRE	JARRÓN
BOTELLA	BARRIL
CARTÓN	BOLSILLO
MALETA	

85 - Surfen

```
H C Y I D I V E R S I Ó N D
I G Q G O D Y S M L T Q L F
B P R I N C I P I A N T E U
Í B K I P O P U L A R B Q E
C A M P E Ó N M R O C I A R
E S T I L O L A Z I W I D Z
P M U L T I T U D E S P U A
O L B V E L O C I D A D O C
C R A U X T G B V C L I M A
É E N Y A E A E X T R E M O
A M A J A E S T Ó M A G O J
N O D M A R R E C I F E P I
O Z A T U M Q V S X R Í E R
L M R I L O E U P V I Q Q T
```

ATLETA	DIVERSIÓN
PRINCIPIANTE	POPULAR
EXTREMO	ARRECIFE
OLA	ESPUMA
CAMPEÓN	VELOCIDAD
FUERZA	ROCIAR
ESTÓMAGO	ESTILO
MULTITUDES	PLAYA
OCÉANO	CLIMA
REMO	NADAR

86 - Rijden

```
Í  P  E  L  I  G  R  O  W  V  P  T  U  C
S  E  G  U  R  I  D  A  D  E  E  W  C  A
K  B  G  A  R  A  J  E  W  L  A  T  A  M
C  O  C  H  E  S  T  Z  M  O  T  O  R  I
G  K  T  Í  F  D  Ú  C  A  C  O  P  R  Ó
L  A  H  R  J  R  N  U  P  I  N  O  E  N
I  N  S  C  Á  H  E  N  A  D  A  L  T  Y
C  N  T  A  R  F  L  N  Q  A  L  I  E  C
E  D  H  L  F  H  I  X  O  D  C  C  R  E
N  B  T  L  H  Q  N  C  F  S  L  Í  A  R
C  H  A  E  N  B  D  M  O  I  Y  A  N  C
I  F  K  V  A  C  C  I  D  E  N  T  E  Q
A  M  O  T  O  C  I  C  L  E  T  A  J  W
P  C  O  M  B  U  S  T  I  B  L  E  I  Í
```

COCHE	POLICÍA
COMBUSTIBLE	FRENOS
GARAJE	VELOCIDAD
GAS	CALLE
PELIGRO	TÚNEL
MAPA	SEGURIDAD
LICENCIA	TRÁFICO
MOTOR	PEATONAL
MOTOCICLETA	CAMIÓN
ACCIDENTE	CARRETERA

87 - Wetenschap

```
L A B O R A T O R I O F N N
E X P E R I M E N T O J G A
C I E N T Í F I C O F H F T
D A T O S Á T O M O Í H O U
C L I M A F K J X M S I B R
G E E W É F Ó X M S I P S A
R N V Q X T Z S X R C Ó E L
A L H O S B O D I K A T R E
V Í Í X L W H D J L F E V Z
E F K U Z U E K O L K S A A
D V Í F P N C Q U Í M I C O
A L Y U I C H I V W I S I E
D J A V C Í O E Ó W K V Ó K
O R G A N I S M O N R N N A
```

ÁTOMO	LABORATORIO
QUÍMICO	MÉTODO
EVOLUCIÓN	NATURALEZA
EXPERIMENTO	FÍSICA
HECHO	OBSERVACIÓN
FÓSIL	ORGANISMO
DATOS	CIENTÍFICO
HIPÓTESIS	GRAVEDAD
CLIMA	

88 - Speelgoed

```
O  A  L  B  V  Í  X  F  N  J  C  C  X  E
L  R  T  I  G  W  Í  K  A  U  O  A  M  P
C  T  A  M  B  O  R  E  S  E  M  M  U  E
Í  E  J  G  O  R  C  O  C  G  E  I  Ñ  P
C  S  E  L  L  G  O  K  B  O  T  Ó  E  V
B  A  D  A  A  P  D  S  M  S  A  N  C  M
A  N  R  O  M  P  E  C  A  B  E  Z  A  S
R  Í  E  O  F  C  O  C  H  E  H  A  F  A
C  A  Z  X  B  I  C  I  C  L  E  T  A  R
O  G  Í  V  P  O  D  S  W  N  R  A  I  C
O  I  S  P  I  N  T  U  R  A  S  V  R  I
H  A  P  I  C  L  H  R  P  Y  J  I  C  L
F  A  V  O  R  I  T  O  E  E  L  Ó  T  L
P  T  J  C  S  I  W  U  N  N  V  N  Z  A
```

ARTESANÍA	MUÑECA
COCHE	ROMPECABEZAS
BOLA	ROBOT
LIBROS	AJEDREZ
BARCO	TREN
TAMBORES	PINTURAS
FAVORITO	COMETA
BICICLETA	AVIÓN
JUEGOS	CAMIÓN
ARCILLA	

89 - Muziekinstrumenten

```
G A F Q A R M Ó N I C A Y P
M O R P E R C U S I Ó N I P
R B N P G U I T A R R A N Q
T X V G A C L A R I N E T E
A R I I J P V I O L Í N T T
M P O R W A V L K Í C D J R
B I L M A N D O L I N A Z O
O A O F P D K A D U L W S M
R N N L O E M A R I M B A B
T O C A B R T F N W E Q X Ó
X K H U O E B A N J O P O N
D D E T E T F G G T X W F F
A H L A P A X O X X R P Ó P
B S O Í X I Z T G Q N G N E
```

BANJO
VIOLONCHELO
FAGOT
FLAUTA
GUITARRA
GONG
ARPA
OBOE
CLARINETE
MANDOLINA

MARIMBA
ARMÓNICA
PERCUSIÓN
PIANO
SAXOFÓN
PANDERETA
TROMBÓN
TAMBOR
TROMPETA
VIOLÍN

90 - Activiteiten en Vrije Ti

```
F  B  U  C  E  O  F  Ú  T  B  O  L  P  W
I  T  V  I  A  J  E  T  R  G  Y  U  M  D
J  E  F  F  Y  R  P  E  S  C  A  H  L  R
Í  A  V  J  D  G  R  T  Q  S  Í  D  G  E
F  P  R  S  E  N  D  E  R  I  S  M  O  L
A  I  R  D  A  P  E  N  R  L  U  O  L  A
K  N  N  Z  I  F  B  I  O  A  F  B  F  J
W  T  J  I  W  N  I  S  G  V  S  O  B  A
Í  U  D  Y  Q  X  E  C  O  X  U  X  E  N
K  R  B  H  U  J  L  R  I  G  R  E  A  T
C  A  M  P  I  N  G  Q  Í  O  F  O  R  E
B  É  I  S  B  O  L  R  L  A  N  T  T  P
B  A  L  O  N  C  E  S  T  O  J  E  E  Q
G  A  B  V  O  L  E  I  B  O  L  G  S  A
```

BALONCESTO
BOXEO
BUCEO
GOLF
PESCA
AFICIONES
BÉISBOL
CAMPING
ARTE
RELAJANTE

CARRERAS
VIAJE
PINTURA
SURF
TENIS
JARDINERÍA
FÚTBOL
VOLEIBOL
SENDERISMO

91 - Water

```
P N X A W G M H U R A C Á N
V O I M Z C É R S Í N L E F
A L T E B V M I M O N Z Ó N
P A T A V Í H L S H T S O S
O S V N B E Ú L Í E F B G J
R H H K N L M U A L R O F N
D U C H A A E V Q A Q W I P
W M C U L G D I N D S I E O
R E A X Y O O A M A B G Z C
O D N I N U N D A C I Ó N É
C A A R I E G O U F Í Í F A
X D L X M W H I E L O E U N
E V A P O R A C I Ó N M L O
D X Í R Z B F N W N G R M B
```

DUCHA
POTABLE
GÉISER
OLAS
HIELO
RIEGO
CANAL
LAGO
MONZÓN
OCÉANO

HURACÁN
INUNDACIÓN
LLUVIA
RÍO
NIEVE
VAPOR
EVAPORACIÓN
HÚMEDO
HUMEDAD
HELADA

92 - Schaken

```
R  B  V  U  T  U  C  S  P  C  L  W  E  I
K  H  G  V  K  F  N  R  U  A  O  Q  S  N
J  L  Q  Z  R  A  B  E  N  M  W  P  T  T
V  L  A  C  D  M  L  G  T  P  D  A  R  E
D  I  A  G  O  N  A  L  O  E  H  P  A  L
P  H  U  J  Q  N  N  A  S  Ó  Q  R  T  I
E  A  L  G  U  E  C  S  B  N  R  E  E  G
L  P  S  R  Y  E  O  U  P  I  E  N  G  E
P  F  O  I  B  H  G  T  R  N  Y  D  I  N
S  L  D  G  V  S  E  O  S  X  E  A  T
J  U  G  A  D  O  R  R  I  W  O  R  S  E
T  I  E  M  P  O  L  N  N  E  G  R  O
O  P  O  N  E  N  T  E  A  G  C  Í  H  L
Y  U  R  M  E  S  D  O  X  J  Y  E  W  G
```

DIAGONAL	JUEGO
CAMPEÓN	JUGADOR
REY	ESTRATEGIA
REINA	OPONENTE
APRENDER	TIEMPO
PASIVO	TORNEO
PUNTOS	CONCURSO
REGLAS	BLANCO
INTELIGENTE	NEGRO

93 - Boerderij #1

```
B E C M R M D I P A V A C A
T F U V S T M U O R V G I H
P E R R O Í A R L R B R E F
H R E J R N E Í L O C I D B
M T N C U E R V O Z F C L D
W I C X P R B C Y J B U S S
O L V A L L A A X C C L E Z
Q I I G B N I M Ñ W A T M A
C Z P U U E A P Z O B U I C
O A G A T O J O U B A R L S
R N B H E N O A B U L A L Z
E T E R N E R O H R L N A U
Y E X G A M I E L R O J S E
B O Í V X Y Z Z X O X V C N
```

ABEJA	VACA
BURRO	CUERVO
CABRA	REBAÑO
VALLA	AGRICULTURA
PERRO	FERTILIZANTE
MIEL	CABALLO
HENO	ARROZ
TERNERO	CAMPO
GATO	AGUA
POLLO	SEMILLAS

94 - Huis

```
C H I M E N E A D U C H A A
Á T I C O C T T O G A A A L
B X X W Q F O G R S O B E F
Z I U O A B D C M I V I S O
M M B Y D T H D I Z K T P M
U E E L P F U T T N V A E B
E S N H I F S Y O F A C J R
B C Y Í X O Ó P R R L I O A
L A X T Z J T U I E L Ó I E
E L O Í P A E O Z A N D S
T E C H O A N R C Z Q H L C
H R V O Z R O T D A D A V O
G A R A J E I A Z Í V H X B
Í S N O M D F G S L N X N A
```

ESCOBA
BIBLIOTECA
TECHO
PUERTA
DUCHA
GARAJE
CHIMENEA
VALLA
HABITACIÓN
SÓTANO

COCINA
MUEBLE
PARED
DORMITORIO
ESPEJO
ALFOMBRA
ESCALERAS
JARDÍN
ÁTICO

95 - Kleuren

```
S  Z  X  A  K  Y  V  Z  N  V  L  E  B  N
R  R  M  J  M  T  H  S  N  A  O  Z  K  E
O  O  W  D  M  A  G  E  N  T  A  T  Q  A
S  R  J  W  U  B  R  P  C  T  I  M  A  D
A  K  A  O  V  N  C  I  A  N  T  A  W  H
N  P  E  S  C  E  N  A  L  B  G  R  I  S
S  I  D  A  M  G  R  K  P  L  H  R  N  K
P  Ú  R  P  U  R  A  D  T  A  O  Ó  Í  X
E  N  Í  L  P  O  A  B  E  N  Q  N  N  I
B  E  I  G  E  A  Z  U  R  C  J  D  D  Y
N  F  O  K  U  G  K  A  L  O  E  M  I  Í
N  A  R  A  N  J  A  Z  H  L  U  F  G  T
Q  S  J  Í  Í  G  F  U  C  S  I  A  O  C
U  I  A  A  A  B  X  L  B  F  U  F  D  Í
```

AZUR
BEIGE
AZUL
MARRÓN
CIAN
FUCSIA
AMARILLO
GRIS
VERDE

ÍNDIGO
MAGENTA
NARANJA
PÚRPURA
ROJO
ROSA
SEPIA
BLANCO
NEGRO

96 - Verjaardag

```
E C E R R A C M A E D C C I
S A R E C U E R D O S E A N
P N W G Q G M D C Í L L L V
E C K A M I G O S F A E E I
C I D L Z X W B F E O B N T
I Ó I O D L L C Í L R R D A
A N V E L A S T W I J A A C
L R E W U M I N V Z Y C R I
P A R T I D O G A O Í I I O
A Í S I T N I H Ñ C G Ó O N
S A I E X H X J O V E N O E
T Z Ó M Í T K M D Y B R L S
E K N P S A B I D U R Í A L
L W I O X T A R J E T A S M
```

PASTEL
DÍA
NACER
FELIZ
REGALO
RECUERDOS
AÑO
JOVEN
VELAS
TARJETAS

CALENDARIO
CANCIÓN
PARTIDO
DIVERSIÓN
ESPECIAL
TIEMPO
INVITACIONES
CELEBRACIÓN
AMIGOS
SABIDURÍA

97 - Getallen

```
C A T O R C E F G T R E C E
M V F P T Q U I N C E J I S
L Z Z A S R R A N Í V E N D
D I E C I S I E T E K S C I
R A O M W Z Y A K R G Z O E
T J Q X P H Q U I N O F W C
U R M H V D I E Z I W K X I
D I E C I O C H O C H O I S
S E I S V C Í U C E R O A É
I M M M J E S N U E V E G I
E X Í S N S I O A M G J U S
T G D I E C I N U E V E Y I
E Z O U U O X Í T U I J K R
X L S O U L A R C E X A V Í
```

OCHO
DIECIOCHO
TRECE
TRES
UNO
NUEVE
DIECINUEVE
CERO
DIEZ
DOCE

DOS
VEINTE
CATORCE
CUATRO
CINCO
QUINCE
SEIS
DIECISÉIS
SIETE
DIECISIETE

98 - Boerderij #2

```
H  L  C  F  K  U  A  N  I  M  A  L  E  S
U  L  J  J  W  O  V  E  G  E  T  A  L  E
E  Z  K  W  Z  R  A  T  N  I  F  A  E  Y
R  C  P  R  A  D  O  R  R  O  R  N  A  L
T  O  A  R  Í  Q  G  A  I  A  U  E  Í  E
O  R  M  Z  K  K  X  C  Í  P  T  Z  V  C
Z  D  P  K  I  Í  S  T  L  L  A  M  A  H
M  E  R  U  N  Í  C  O  Y  M  O  T  J  E
G  R  A  N  E  R  O  R  U  U  S  P  O  M
Y  O  V  E  J  A  L  P  A  S  T  O  R  O
C  E  B  A  D  A  M  I  U  Z  R  Q  Y  L
R  I  E  G  O  S  E  A  M  C  I  R  X  I
V  S  C  O  T  J  N  X  Í  Q  G  L  V  N
T  F  W  Z  L  O  A  C  T  Z  O  C  N  O
```

COLMENA
HUERTO
ANIMALES
PATO
FRUTA
CEBADA
VEGETAL
PASTOR
RIEGO
CORDERO

LLAMA
MAÍZ
LECHE
OVEJA
GRANERO
TRIGO
TRACTOR
PRADO
MOLINO

99 - Voeding

```
P  L  D  I  G  E  S  T  I  Ó  N  R  E  C
S  E  Í  T  Y  C  E  A  M  A  R  G  O  A
A  O  S  Q  A  N  F  E  J  P  O  C  K  R
L  V  O  O  U  M  Z  S  Y  E  T  B  I  B
S  I  C  A  L  I  D  A  D  T  S  V  P  O
A  Q  U  W  B  Q  D  B  R  I  T  Z  F  H
M  Y  L  X  M  P  I  O  Q  T  K  F  G  I
B  D  D  D  B  X  E  R  S  O  E  R  L  D
K  H  R  U  V  I  T  A  M  I  N  A  S  R
X  G  L  M  M  G  A  T  O  X  I  N  A  A
E  Q  U  I  L  I  B  R  A  D  O  C  L  T
C  A  L  O  R  Í  A  S  G  Z  N  I  U  O
P  R  O  T  E  Í  N  A  S  L  I  R  D  S
S  A  L  U  D  A  B  L  E  N  P  V  L  C
```

AMARGO
CALORÍAS
DIETA
APETITO
PROTEÍNAS
EQUILIBRADO
PESO
SALUDABLE
SALUD

CARBOHIDRATOS
CALIDAD
SALSA
SABOR
DIGESTIÓN
TOXINA
VITAMINA
LÍQUIDOS

1 - Metingen

2 - Keuken

3 - Boten

4 - Chocolade

5 - Tijd

6 - Meditatie

7 - Zomer

8 - Vogels

9 - Behoud

10 - Wiskunde

11 - Camping

12 - Activiteiten

13 - Vormen

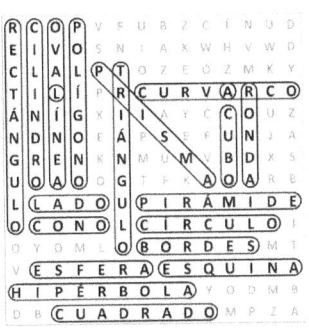

14 - Astronomie

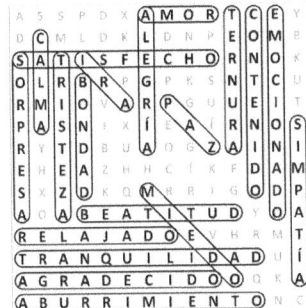

15 - Emoties

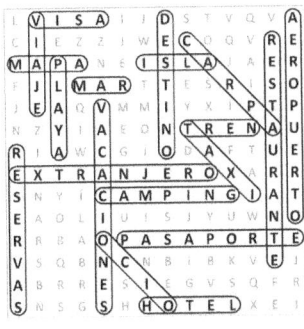

16 - Vakantie #2

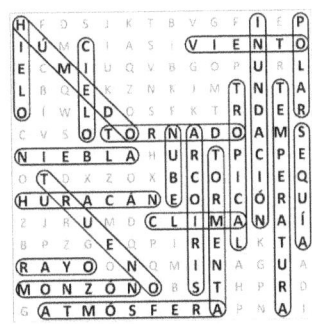

17 - Weersomstandigh

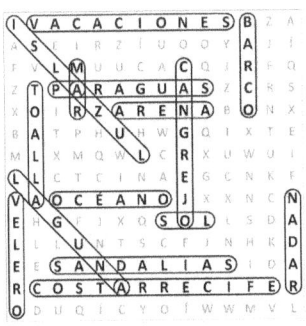

18 - Strand

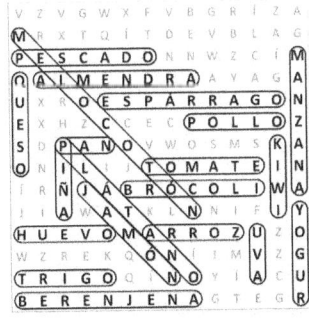

19 - Eten #2

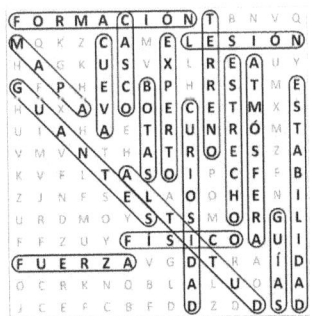

20 - Klimmen

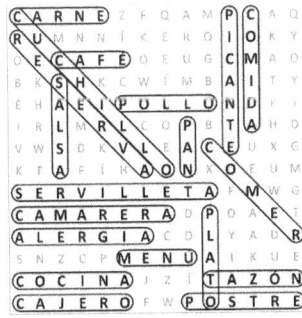

21 - Restaurant #1

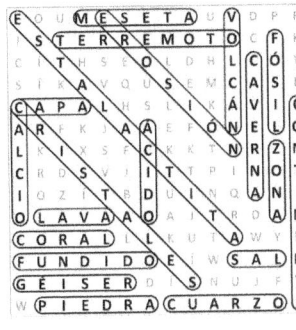

22 - Geologie

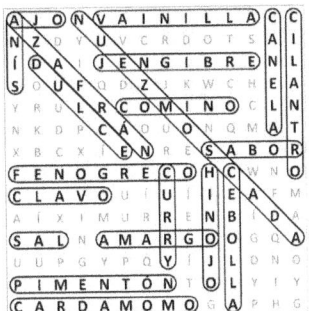

23 - Specerijen

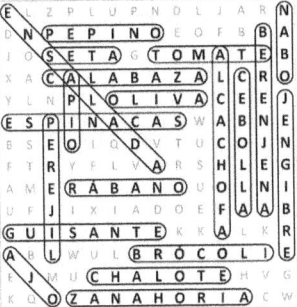

24 - Groenten

25 - Dans

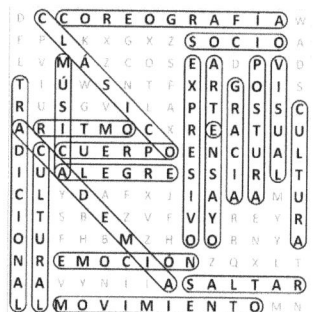

26 - Sport

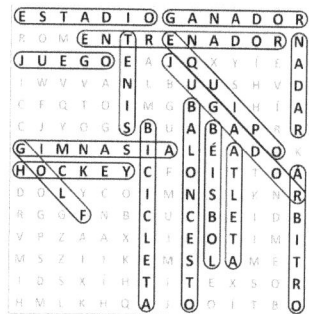

27 - Mythologie

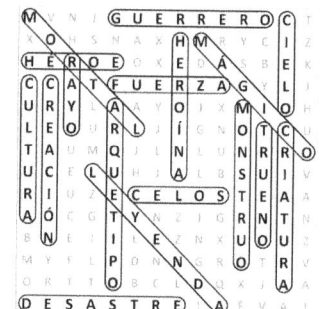

28 - Eten #1

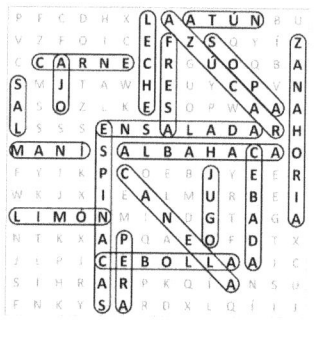

29 - Avontuur

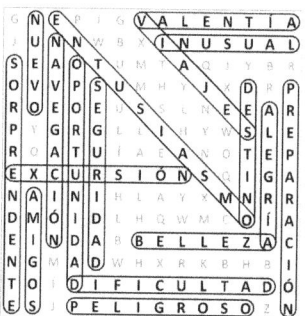

30 - Circus

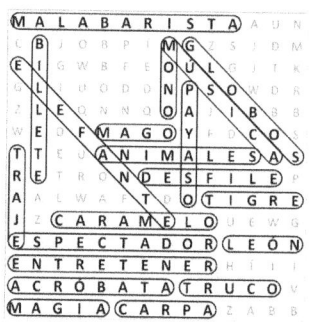

31 - Restaurant #2

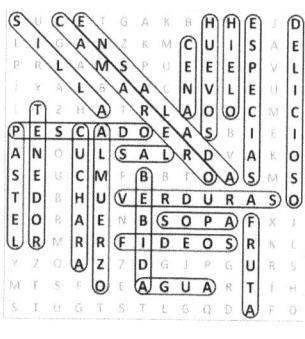

32 - Bijen

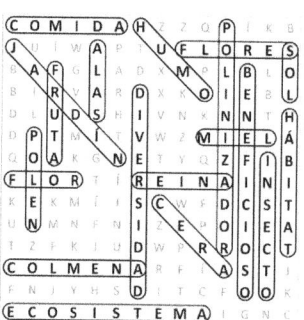

33 - School #1

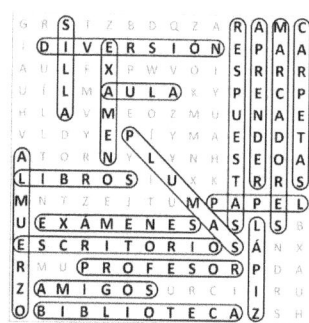

34 - Wandelen

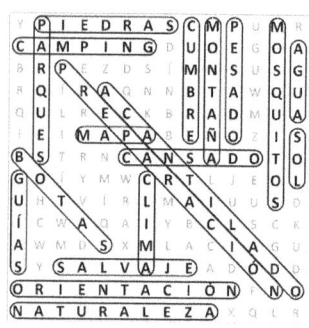

35 - Ecologie

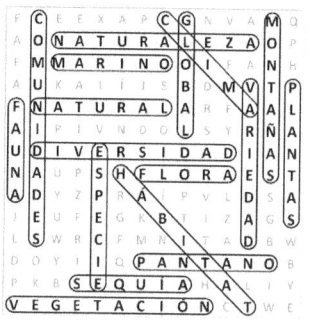

36 - Installaties

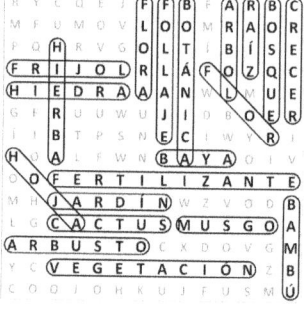

37 - School #2

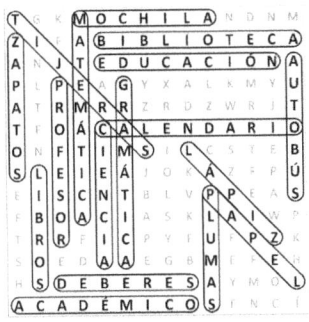

38 - Oceaan

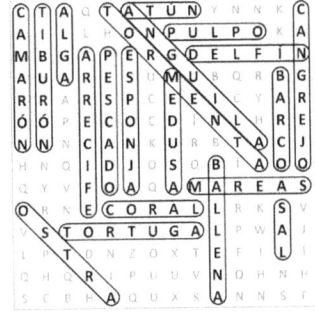

39 - Landen #2

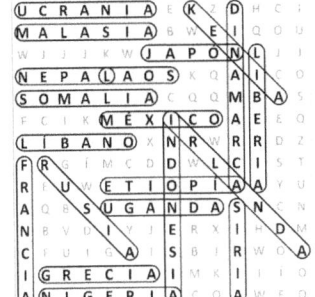

40 - Bloemen

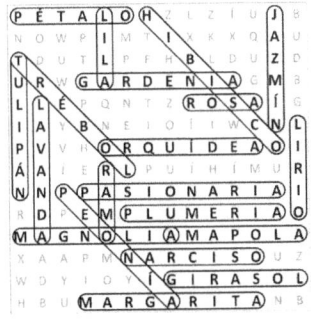

41 - Huisdieren

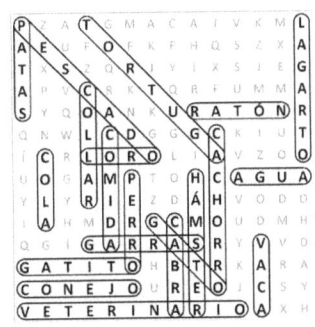

42 - Landschappen

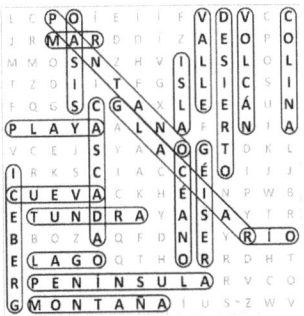

43 - Tuin

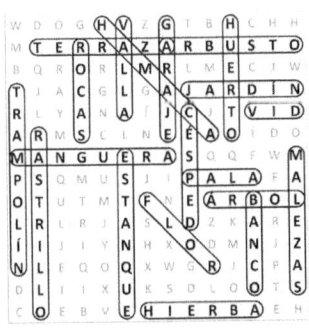

44 - Katten

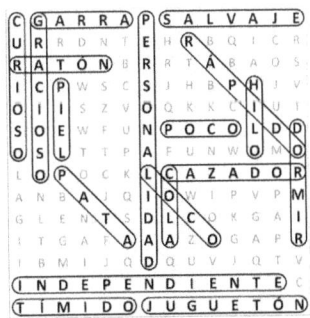

45 - Beroepen #2

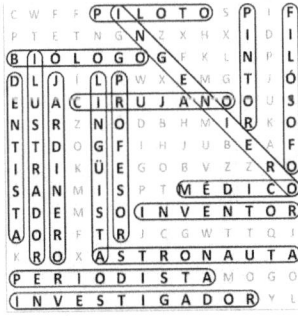

46 - Komedie

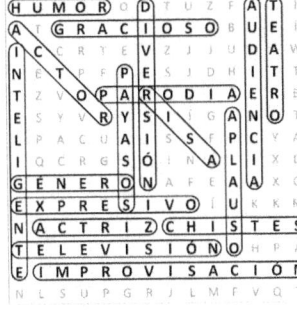

47 - Dagen en Maanden

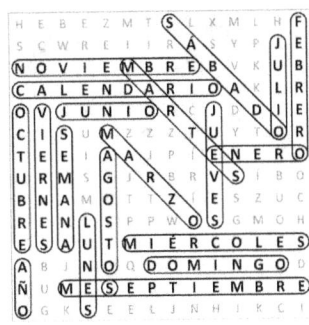

48 - Beeldende Kunsten

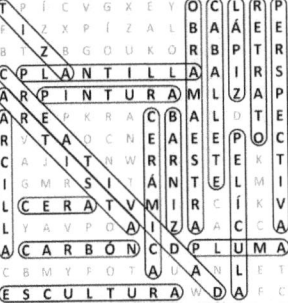

49 - Menselijk Lichaam

50 - Familie

51 - Gebouwen

52 - Kunst

53 - Beroepen #1

54 - Kastelen

55 - Insecten

56 - Antarctica

57 - Ballet

58 - Vissen

59 - Fruit

60 - Literatuur

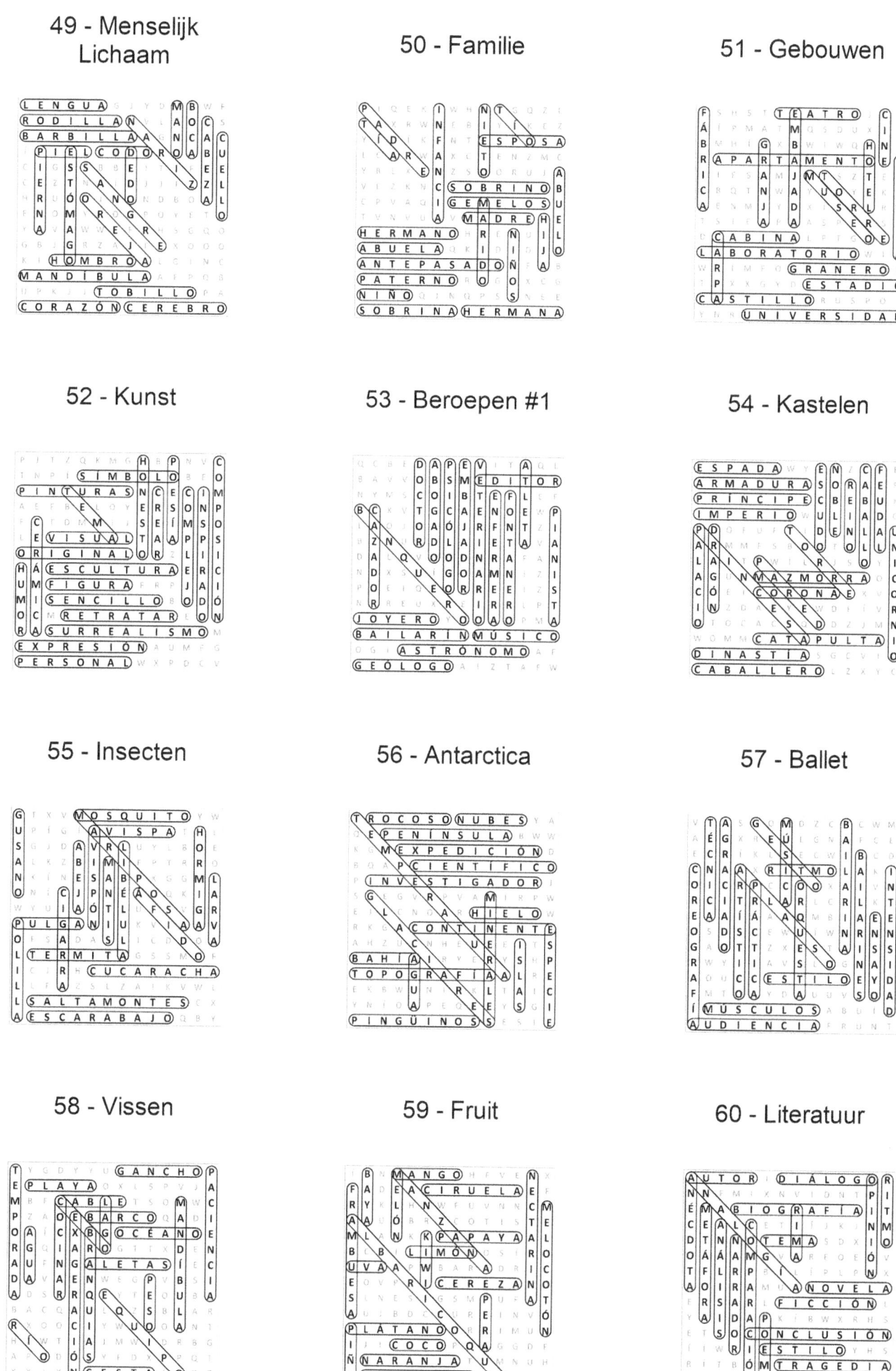

61 - Technologie

62 - Boeken

63 - Meer Informatie

64 - Regenwoud

65 - Haartypes

66 - Stad

67 - Natuur

68 - Dinosaurussen

69 - Zoogdieren

70 - 1 Jaar Geleden

71 - Kampioenschap

72 - Exploratie

73 - Voertuigen

74 - Geografie

75 - Kunstbenodigdhe

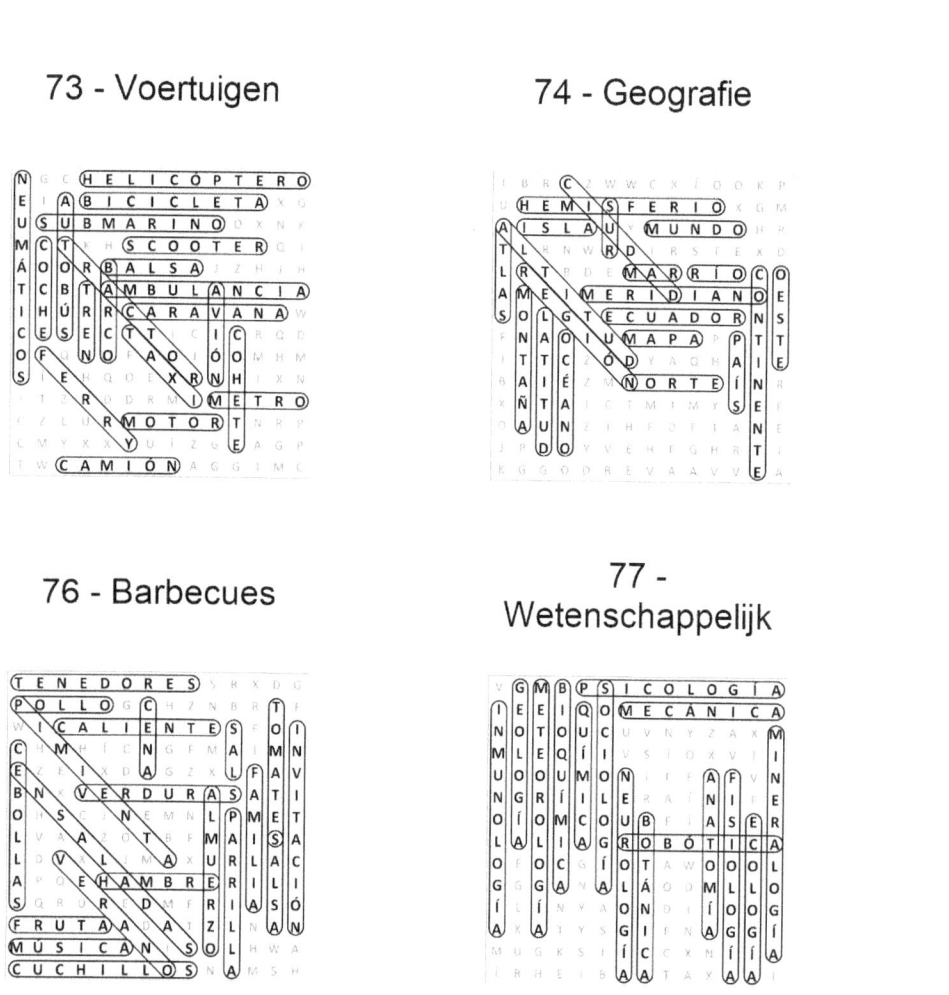

76 - Barbecues

77 - Wetenschappelijk

78 - Bijvoeglijke Naamwoorden

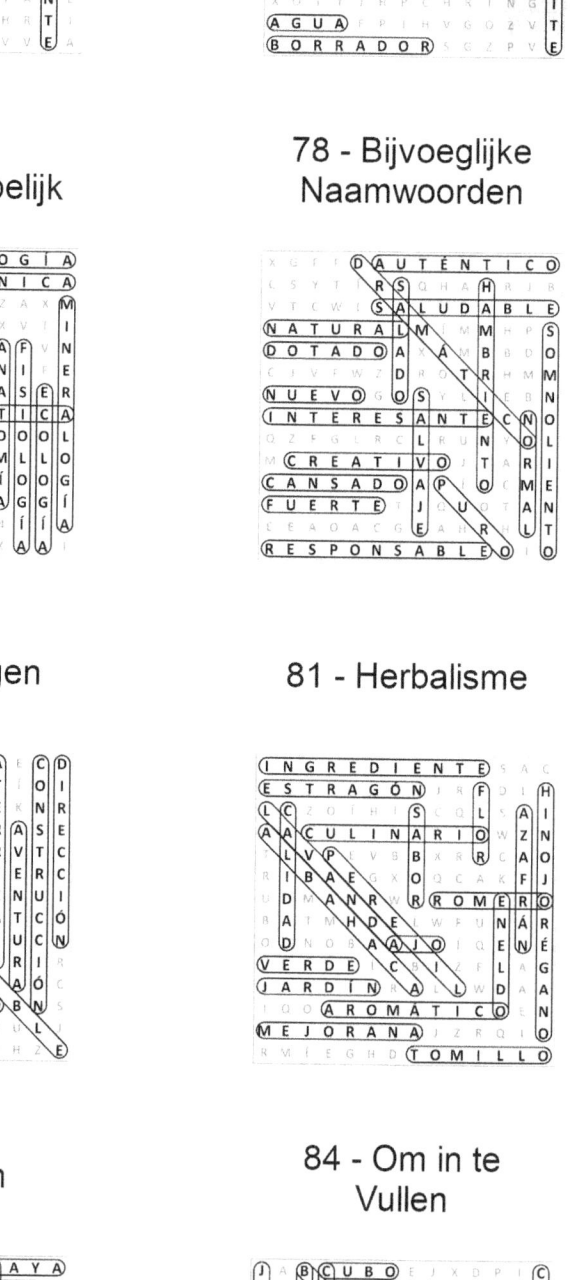

79 - Kleding

80 - Vliegtuigen

81 - Herbalisme

82 - Meubels

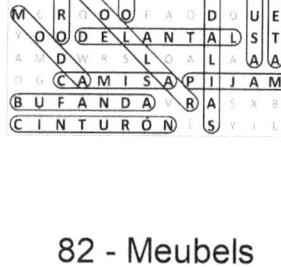

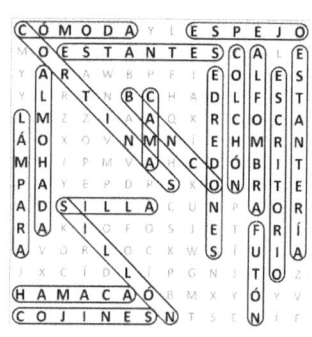

83 - Piraten

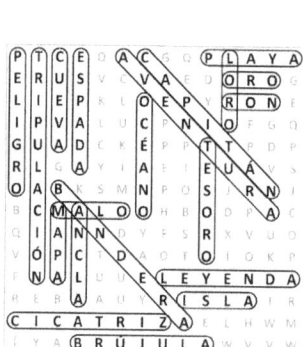

84 - Om in te Vullen

85 - Surfen

86 - Rijden

87 - Wetenschap

88 - Speelgoed

89 - Muziekinstrument

90 - Activiteiten en Vrije Ti

91 - Water

92 - Schaken

93 - Boerderij #1

94 - Huis

95 - Kleuren

96 - Verjaardag

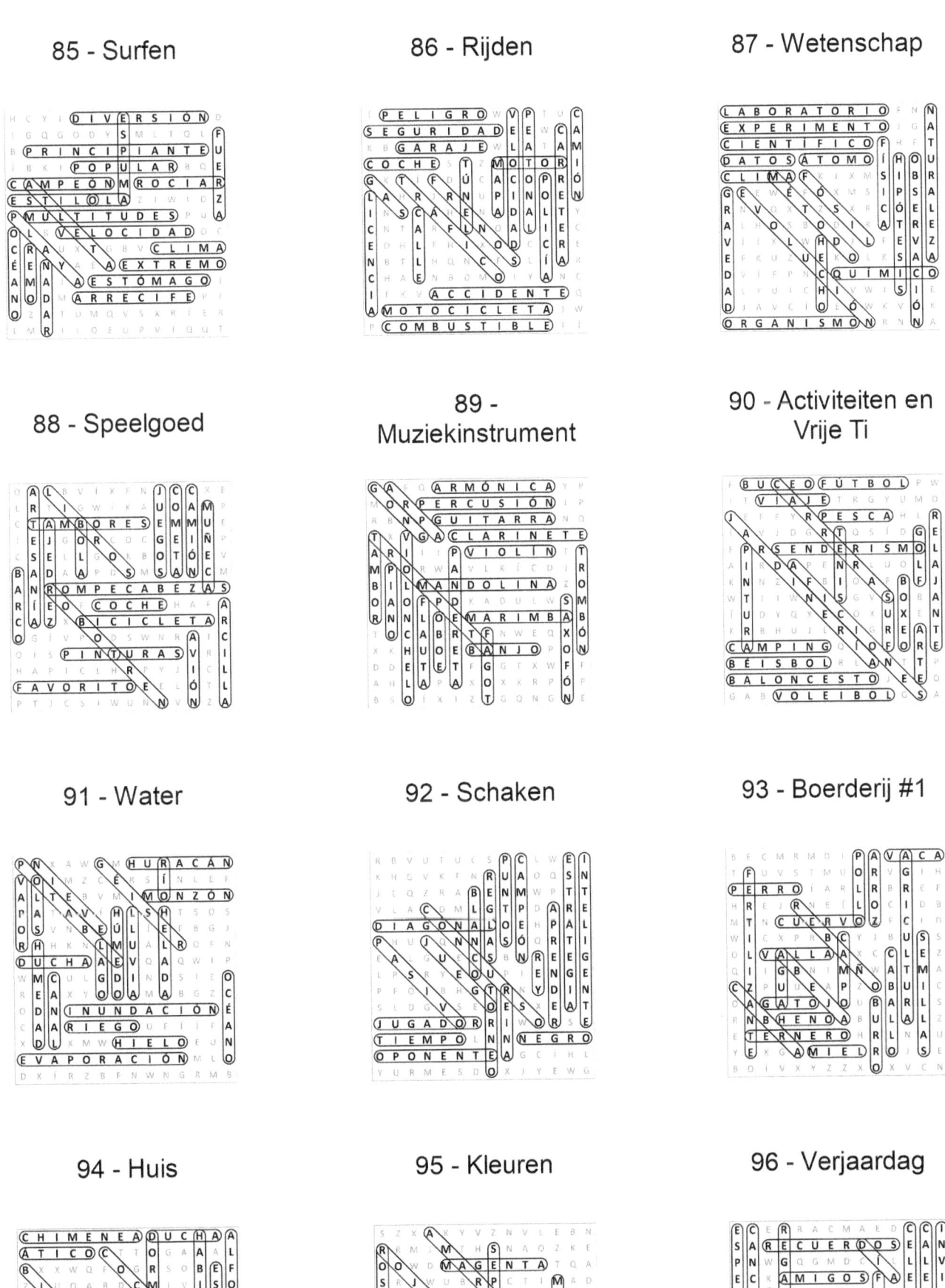

97 - Getallen

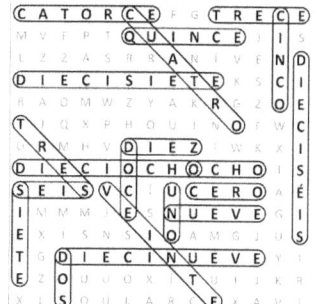

98 - Boerderij #2

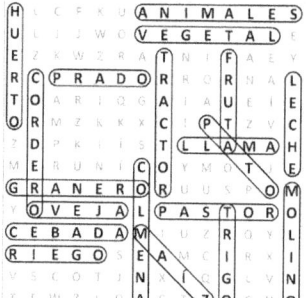

99 - Voeding

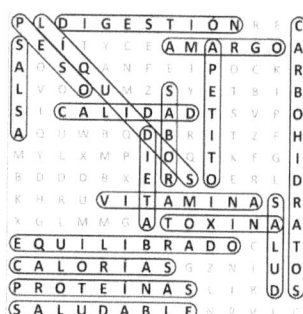

Woordenboek

1 Jaar Geleden
Virtudes #1

Artistiek	Artístico
Behulpzaam	Útil
Bescheiden	Modesto
Beslissend	Decisivo
Betrouwbaar	Fiable
Charmant	Encantador
Efficiënt	Eficiente
Gepassioneerd	Apasionado
Goed	Bien
Grappig	Gracioso
Gul	Generoso
Intelligent	Inteligente
Nieuwsgierig	Curioso
Onafhankelijk	Independiente
Patiënt	Paciente
Praktisch	Práctico
Schoon	Limpio
Wijs	Sabio

Activiteiten
Actividades

Activiteit	Actividad
Ambachten	Artesanía
Dansen	Baile
Fotografie	Fotografía
Hengelsport	Pesca
Jacht	Caza
Kamperen	Camping
Keramiek	Cerámica
Kunst	Arte
Lezen	Lectura
Magie	Magia
Naaien	Costura
Ontspanning	Relajación
Plezier	Placer
Puzzels	Rompecabezas
Schilderij	Pintura
Tuinieren	Jardinería
Vaardigheid	Habilidad
Vrije Tijd	Ocio
Wandelen	Senderismo

Activiteiten en Vrije Ti
Actividades y Ocio

Basketbal	Baloncesto
Boksen	Boxeo
Duiken	Buceo
Golf	Golf
Hengelsport	Pesca
Hobby	Aficiones
Honkbal	Béisbol
Kamperen	Camping
Kunst	Arte
Ontspannen	Relajante
Racen	Carreras
Reis	Viaje
Schilderij	Pintura
Surfen	Surf
Tennis	Tenis
Tuinieren	Jardinería
Voetbal	Fútbol
Volleybal	Voleibol
Wandelen	Senderismo
Zwemmen	Natación

Antarctica
Antártida

Baai	Bahía
Behoud	Conservación
Continent	Continente
Eilanden	Islas
Expeditie	Expedición
Geografie	Geografía
Gletsjers	Glaciares
Ijs	Hielo
Migratie	Migración
Mineralen	Minerales
Onderzoeker	Investigador
Pinguïn	Pingüinos
Rotsachtig	Rocoso
Schiereiland	Península
Soort	Especie
Temperatuur	Temperatura
Topografie	Topografía
Water	Agua
Wetenschappelijk	Científico
Wolken	Nubes

Astronomie
Astronomía

Aarde	Tierra
Asteroïde	Asteroide
Astronaut	Astronauta
Astronoom	Astrónomo
Equinox	Equinoccio
Komeet	Cometa
Kosmos	Cosmos
Maan	Luna
Meteoor	Meteoro
Nevel	Nebulosa
Observatorium	Observatorio
Planeet	Planeta
Raket	Cohete
Satelliet	Satélite
Ster	Estrella
Sterrenbeeld	Constelación
Straling	Radiación
Telescoop	Telescopio
Universum	Universo
Zwaartekracht	Gravedad

Avontuur
Aventura

Activiteit	Actividad
Bestemming	Destino
Enthousiasme	Entusiasmo
Excursie	Excursión
Gevaarlijk	Peligroso
Kans	Oportunidad
Moed	Valentía
Moeilijkheid	Dificultad
Natuur	Naturaleza
Navigatie	Navegación
Nieuw	Nuevo
Ongewoon	Inusual
Reisplan	Itinerario
Reizen	Viajes
Schoonheid	Belleza
Veiligheid	Seguridad
Verrassend	Sorprendente
Voorbereiding	Preparación
Vreugde	Alegría
Vrienden	Amigos

Ballet
Ballet

Applaus	Aplauso
Artistiek	Artístico
Ballerina	Bailarina
Choreografie	Coreografía
Componist	Compositor
Dansers	Bailarines
Expressief	Expresivo
Gebaar	Gesto
Intensiteit	Intensidad
Muziek	Música
Orkest	Orquesta
Praktijk	Práctica
Publiek	Audiencia
Repetitie	Ensayo
Ritme	Ritmo
Sierlijk	Agraciado
Spieren	Músculos
Stijl	Estilo
Techniek	Técnica
Vaardigheid	Habilidad

Barbecues
Barbacoas

Diner	Cena
Familie	Familia
Fruit	Fruta
Grill	Parrilla
Groente	Verduras
Heet	Caliente
Honger	Hambre
Kip	Pollo
Lunch	Almuerzo
Messen	Cuchillos
Muziek	Música
Peper	Pimienta
Salades	Ensaladas
Saus	Salsa
Tomaten	Tomates
Uien	Cebollas
Uitnodiging	Invitación
Vorken	Tenedores
Zomer	Verano
Zout	Sal

Beeldende Kunsten
Artes Visuales

Architectuur	Arquitectura
Artiest	Artista
Beeldhouwwerk	Escultura
Creativiteit	Creatividad
Ezel	Caballete
Film	Película
Houtskool	Carbón
Keramiek	Cerámica
Klei	Arcilla
Krijt	Tiza
Meesterwerk	Obra Maestra
Pen	Pluma
Perspectief	Perspectiva
Portret	Retrato
Potlood	Lápiz
Samenstelling	Composición
Schilderij	Pintura
Stencil	Plantilla
Vernis	Barniz
Was	Cera

Behoud
Conservación

Duurzaam	Sostenible
Ecosysteem	Ecosistema
Fiets	Ciclo
Gezondheid	Salud
Groen	Verde
Habitat	Hábitat
Klimaat	Clima
Milieu	Ambiental
Natuurlijk	Natural
Onderwijs	Educación
Organisch	Orgánico
Pesticide	Pesticida
Recycleren	Reciclar
Veranderingen	Cambios
Verminderen	Reducir
Vervuiling	Contaminación
Vrijwilliger	Voluntario
Water	Agua
Zorg	Preocupación

Beroepen #1
Profesiones #1

Advocaat	Abogado
Ambassadeur	Embajador
Apotheker	Farmacéutico
Astronoom	Astrónomo
Atleet	Atleta
Bankier	Banquero
Cartograaf	Cartógrafo
Danser	Bailarín
Dierenarts	Veterinario
Dokter	Doctor
Editor	Editor
Geoloog	Geólogo
Jager	Cazador
Juwelier	Joyero
Loodgieter	Fontanero
Muzikant	Músico
Pianist	Pianista
Psycholoog	Psicólogo
Verpleegster	Enfermera
Wetenschapper	Científico

Beroepen #2
Profesiones #2

Arts	Médico
Astronaut	Astronauta
Bibliothecaris	Bibliotecario
Bioloog	Biólogo
Boer	Agricultor
Chirurg	Cirujano
Detective	Detective
Filosoof	Filósofo
Fotograaf	Fotógrafo
Illustrator	Ilustrador
Ingenieur	Ingeniero
Journalist	Periodista
Leraar	Profesor
Linguïst	Lingüista
Onderzoeker	Investigador
Piloot	Piloto
Schilder	Pintor
Tandarts	Dentista
Tuinman	Jardinero
Uitvinder	Inventor

Bijen
Abejas

Bestuiver	Polinizador
Bijenkorf	Colmena
Bloemen	Flores
Bloesem	Flor
Diversiteit	Diversidad
Ecosysteem	Ecosistema
Fruit	Fruta
Habitat	Hábitat
Honing	Miel
Insect	Insecto
Koningin	Reina
Rook	Humo
Stuifmeel	Polen
Tuin	Jardín
Vleugels	Alas
Voedsel	Comida
Voordelig	Beneficioso
Was	Cera
Zon	Sol
Zwerm	Enjambre

Bijvoeglijke Naamwoorden
Adjetivos #1

Aantrekkelijk	Atractivo
Actief	Activo
Ambitieus	Ambicioso
Aromatisch	Aromático
Artistiek	Artístico
Belangrijk	Importante
Diep	Profundo
Donker	Oscuro
Dun	Delgada
Eerlijk	Honesto
Exotisch	Exótico
Identiek	Idéntico
Jong	Joven
Lang	Largo
Langzaam	Lento
Modern	Moderno
Onschuldig	Inocente
Perfect	Perfecto
Waardevol	Valioso
Zwaar	Pesado

Bijvoeglijke Naamwoorden
Adjetivos #2

Authentiek	Auténtico
Begaafd	Dotado
Beschrijvend	Descriptivo
Creatief	Creativo
Dramatisch	Dramático
Gezond	Saludable
Hongerig	Hambriento
Interessant	Interesante
Moe	Cansado
Natuurlijk	Natural
Nieuw	Nuevo
Normaal	Normal
Productief	Productivo
Slaperig	Somnoliento
Sterk	Fuerte
Trots	Orgulloso
Verantwoordelijk	Responsable
Wild	Salvaje
Zout	Salado
Zuiver	Puro

Bloemen
Flores

Bloemblad	Pétalo
Boeket	Ramo
Gardenia	Gardenia
Hibiscus	Hibisco
Jasmijn	Jazmin
Klaver	Trébol
Lavendel	Lavanda
Lelie	Lirio
Lila	Lila
Madeliefje	Margarita
Magnolia	Magnolia
Narcis	Narciso
Orchidee	Orquídea
Papaver	Amapola
Passiebloem	Pasionaria
Pioenroos	Peonía
Plumeria	Plumeria
Roos	Rosa
Tulp	Tulipán
Zonnebloem	Girasol

Boeken
Libros

Auteur	Autor
Avontuur	Aventura
Bladzijde	Página
Collectie	Colección
Context	Contexto
Dualiteit	Dualidad
Episch	Epopeya
Gedicht	Poema
Geschreven	Escrito
Historisch	Histórico
Humoristisch	Humorístico
Inventief	Inventivo
Lezer	Lector
Literair	Literario
Poëzie	Poesía
Relevant	Pertinente
Roman	Novela
Tragisch	Trágico
Verhaal	Historia
Verteller	Narrador

Boerderij #1
Granja #1

Bij	Abeja
Ezel	Burro
Geit	Cabra
Hek	Valla
Hond	Perro
Honing	Miel
Hooi	Heno
Kalf	Ternero
Kat	Gato
Kip	Pollo
Koe	Vaca
Kraai	Cuervo
Kudde	Rebaño
Landbouw	Agricultura
Mest	Fertilizante
Paard	Caballo
Rijst	Arroz
Veld	Campo
Water	Agua
Zaden	Semillas

Boerderij #2
Granja #2

Bijenkorf	Colmena
Boer	Agricultor
Boomgaard	Huerto
Dieren	Animales
Eend	Pato
Fruit	Fruta
Gerst	Cebada
Groente	Vegetal
Herder	Pastor
Irrigatie	Riego
Lam	Cordero
Lama	Llama
Maïs	Maíz
Melk	Leche
Schaap	Oveja
Schuur	Granero
Tarwe	Trigo
Tractor	Tractor
Weide	Prado
Windmolen	Molino

Boten
Barcos

Anker	Ancla
Bemanning	Tripulación
Boei	Boya
Golven	Olas
Jacht	Yate
Kajak	Kayak
Kano	Canoa
Maritiem	Marítimo
Mast	Mástil
Matroos	Marinero
Meer	Lago
Motor	Motor
Nautisch	Náutico
Oceaan	Océano
Rivier	Río
Touw	Cuerda
Veerboot	Ferry
Vlot	Balsa
Zee	Mar
Zeilboot	Velero

Camping
Camping

Avontuur	Aventura
Berg	Montaña
Bomen	Árboles
Bos	Bosque
Brand	Fuego
Cabine	Cabina
Dieren	Animales
Hangmat	Hamaca
Hoed	Sombrero
Insect	Insecto
Jacht	Caza
Kaart	Mapa
Kano	Canoa
Kompas	Brújula
Lantaarn	Linterna
Maan	Luna
Meer	Lago
Natuur	Naturaleza
Tent	Carpa
Touw	Cuerda

Chocolade
Chocolate

Antioxidant	Antioxidante
Aroma	Aroma
Artisanaal	Artesanal
Bitter	Amargo
Cacao	Cacao
Calorieën	Calorías
Eten	Comer
Exotisch	Exótico
Favoriet	Favorito
Heerlijk	Delicioso
Ingrediënt	Ingrediente
Karamel	Caramelo
Kokosnoot	Coco
Kwaliteit	Calidad
Pinda'S	Cacahuetes
Poeder	Polvo
Recept	Receta
Smaak	Gusto
Suiker	Azúcar
Zoet	Dulce

Circus
Circo

Aap	Mono
Acrobaat	Acróbata
Ballonnen	Globos
Clown	Payaso
Dieren	Animales
Goochelaar	Mago
Jongleur	Malabarista
Kaartje	Billete
Kostuum	Traje
Leeuw	León
Magie	Magia
Muziek	Música
Olifant	Elefante
Parade	Desfile
Snoep	Caramelo
Tent	Carpa
Tijger	Tigre
Toeschouwer	Espectador
Truc	Truco
Vermaken	Entretener

Dagen en Maanden
Días y Meses

Augustus	Agosto
Dinsdag	Martes
Donderdag	Jueves
Februari	Febrero
Jaar	Año
Januari	Enero
Juli	Julio
Juni	Junio
Kalender	Calendario
Maand	Mes
Maandag	Lunes
Maart	Marzo
November	Noviembre
Oktober	Octubre
September	Septiembre
Vrijdag	Viernes
Week	Semana
Woensdag	Miércoles
Zaterdag	Sábado
Zondag	Domingo

Dans
Baile

Academie	Academia
Beweging	Movimiento
Blij	Alegre
Choreografie	Coreografía
Cultureel	Cultural
Cultuur	Cultura
Emotie	Emoción
Expressief	Expresivo
Genade	Gracia
Houding	Postura
Klassiek	Clásico
Kunst	Arte
Lichaam	Cuerpo
Muziek	Música
Partner	Socio
Repetitie	Ensayo
Ritme	Ritmo
Springen	Saltar
Traditioneel	Tradicional
Visueel	Visual

Dinosaurussen
Dinosaurios

Aarde	Tierra
Carnivoor	Carnívoro
Enorm	Enorme
Evolutie	Evolución
Fossielen	Fósiles
Groot	Grande
Grootte	Tamaño
Herbivoor	Herbívoro
Krachtig	Poderoso
Mammoet	Mamut
Omnivoor	Omnívoro
Prehistorisch	Prehistórico
Prooi	Presa
Reptiel	Reptil
Roofvogel	Raptor
Soort	Especie
Staart	Cola
Verdwijning	Desaparición
Vicieuze	Vicioso
Vleugels	Alas

Ecologie
Ecología

Bergen	Montañas
Diversiteit	Diversidad
Droogte	Sequía
Duurzaam	Sostenible
Fauna	Fauna
Flora	Flora
Gemeenschappen	Comunidades
Globaal	Global
Habitat	Hábitat
Klimaat	Clima
Marinier	Marino
Moeras	Pantano
Natuur	Naturaleza
Natuurlijk	Natural
Overleving	Supervivencia
Planten	Plantas
Soort	Especie
Variëteit	Variedad
Vegetatie	Vegetación
Vrijwilligers	Voluntarios

Emoties
Emociones

Angst	Miedo
Beschaamd	Avergonzado
Dankbaar	Agradecido
Droefheid	Tristeza
Gelukzaligheid	Beatitud
Inhoud	Contenido
Kalm	Calma
Liefde	Amor
Ontspannen	Relajado
Opgewonden	Emocionado
Rust	Tranquilidad
Sympathie	Simpatía
Tederheid	Ternura
Tevreden	Satisfecho
Verrassing	Sorpresa
Verveling	Aburrimiento
Vrede	Paz
Vreugde	Alegría
Vriendelijkheid	Bondad
Woede	Ira

Eten #1
Comida #1

Aardbei	Fresa
Abrikoos	Albaricoque
Basilicum	Albahaca
Citroen	Limón
Gerst	Cebada
Kaneel	Canela
Knoflook	Ajo
Melk	Leche
Peer	Pera
Pinda	Maní
Salade	Ensalada
Sap	Jugo
Soep	Sopa
Spinazie	Espinacas
Suiker	Azúcar
Tonijn	Atún
Ui	Cebolla
Vlees	Carne
Wortel	Zanahoria
Zout	Sal

Eten #2
Comida #2

Amandel	Almendra
Ananas	Piña
Appel	Manzana
Asperge	Espárrago
Aubergine	Berenjena
Banaan	Plátano
Broccoli	Brócoli
Brood	Pan
Druif	Uva
Ei	Huevo
Ham	Jamón
Kaas	Queso
Kip	Pollo
Kiwi	Kiwi
Perzik	Melocotón
Rijst	Arroz
Tarwe	Trigo
Tomaat	Tomate
Vis	Pescado
Yoghurt	Yogur

Exploratie
Exploración

Activiteit	Actividad
Bepaling	Determinación
Culturen	Culturas
Dieren	Animales
Gevaarlijk	Peligroso
Leren	Aprender
Moed	Coraje
Nieuw	Nuevo
Onbekend	Desconocido
Opwinding	Emoción
Reis	Viaje
Ruimte	Espacio
Taal	Idioma
Terrein	Terreno
Uitputting	Agotamiento
Ver	Distante
Wild	Salvaje

Familie
Familia

Broer	Hermano
Dochter	Hija
Grootmoeder	Abuela
Jeugd	Infancia
Kind	Niño
Kinderen	Niños
Kleinzoon	Nieto
Man	Marido
Moeder	Madre
Neef	Sobrino
Nicht	Sobrina
Oom	Tío
Opa	Abuelo
Tante	Tía
Tweeling	Gemelos
Vader	Padre
Vaderlijk	Paterno
Voorouder	Antepasado
Vrouw	Esposa
Zus	Hermana

Fruit
Fruta

Abrikoos	Albaricoque
Ananas	Piña
Appel	Manzana
Avocado	Aguacate
Banaan	Plátano
Bes	Baya
Citroen	Limón
Druif	Uva
Framboos	Frambuesa
Kers	Cereza
Kiwi	Kiwi
Kokosnoot	Coco
Mango	Mango
Meloen	Melón
Nectarine	Nectarina
Oranje	Naranja
Papaja	Papaya
Peer	Pera
Perzik	Melocotón
Pruim	Ciruela

Gebouwen
Edificios

Ambassade	Embajada
Appartement	Apartamento
Bioscoop	Cine
Boerderij	Granja
Cabine	Cabina
Fabriek	Fábrica
Hotel	Hotel
Kasteel	Castillo
Laboratorium	Laboratorio
Museum	Museo
Observatorium	Observatorio
School	Escuela
Schuur	Granero
Stadion	Estadio
Supermarkt	Supermercado
Tent	Carpa
Theater	Teatro
Toren	Torre
Universiteit	Universidad
Ziekenhuis	Hospital

Geografie
Geografía

Atlas	Atlas
Berg	Montaña
Breedtegraad	Latitud
Continent	Continente
Eiland	Isla
Evenaar	Ecuador
Halfrond	Hemisferio
Hoogte	Altitud
Kaart	Mapa
Land	País
Meridiaan	Meridiano
Noorden	Norte
Oceaan	Océano
Regio	Región
Rivier	Río
Stad	Ciudad
Wereld	Mundo
Westen	Oeste
Zee	Mar
Zuiden	Sur

Geologie
Geología

Aardbeving	Terremoto
Calcium	Calcio
Continent	Continente
Erosie	Erosión
Fossiel	Fósil
Geiser	Géiser
Gesmolten	Fundido
Grot	Caverna
Koraal	Coral
Kristallen	Cristales
Kwarts	Cuarzo
Laag	Capa
Lava	Lava
Plateau	Meseta
Stalactiet	Estalactita
Steen	Piedra
Vulkaan	Volcán
Zone	Zona
Zout	Sal
Zuur	Ácido

Getallen
Números

Acht	Ocho
Achttien	Dieciocho
Dertien	Trece
Drie	Tres
Een	Uno
Negen	Nueve
Negentien	Diecinueve
Nul	Cero
Tien	Diez
Twaalf	Doce
Twee	Dos
Twintig	Veinte
Veertien	Catorce
Vier	Cuatro
Vijf	Cinco
Vijftien	Quince
Zes	Seis
Zestien	Dieciséis
Zeven	Siete
Zeventien	Diecisiete

Groenten
Verduras

Artisjok	Alcachofa
Aubergine	Berenjena
Broccoli	Brócoli
Erwt	Guisante
Gember	Jengibre
Knoflook	Ajo
Komkommer	Pepino
Olijf	Oliva
Paddestoel	Seta
Peterselie	Perejil
Pompoen	Calabaza
Raap	Nabo
Radijs	Rábano
Salade	Ensalada
Selderij	Apio
Sjalot	Chalote
Spinazie	Espinacas
Tomaat	Tomate
Ui	Cebolla
Wortel	Zanahoria

Haartypes
Tipos de Cabello

Blond	Rubio
Bruin	Marrón
Dik	Grueso
Droog	Seco
Dun	Delgada
Gekleurd	Coloreado
Gevlochten	Trenzado
Gezond	Saludable
Golvend	Ondulado
Grijs	Gris
Hoofdhuid	Cabelludo
Kaal	Calvo
Kort	Corto
Krullen	Rizos
Krullend	Rizado
Lang	Largo
Wit	Blanco
Zacht	Suave
Zilver	Plata
Zwart	Negro

Herbalisme
Herboristería

Aromatisch	Aromático
Basilicum	Albahaca
Bloem	Flor
Culinair	Culinario
Dille	Eneldo
Dragon	Estragón
Groen	Verde
Ingrediënt	Ingrediente
Knoflook	Ajo
Kwaliteit	Calidad
Lavendel	Lavanda
Marjolein	Mejorana
Oregano	Orégano
Peterselie	Perejil
Rozemarijn	Romero
Saffraan	Azafrán
Smaak	Sabor
Tijm	Tomillo
Tuin	Jardín
Venkel	Hinojo

Huis
Casa

Bezem	Escoba
Bibliotheek	Biblioteca
Dak	Techo
Deur	Puerta
Douche	Ducha
Garage	Garaje
Haard	Chimenea
Hek	Valla
Kamer	Habitación
Kelder	Sótano
Keuken	Cocina
Lamp	Lámpara
Meubilair	Mueble
Muur	Pared
Slaapkamer	Dormitorio
Spiegel	Espejo
Tapijt	Alfombra
Trap	Escaleras
Tuin	Jardín
Zolder	Ático

Huisdieren
Mascotas

Dierenarts	Veterinario
Geit	Cabra
Hagedis	Lagarto
Hamster	Hámster
Hond	Perro
Kat	Gato
Katje	Gatito
Klauwen	Garras
Koe	Vaca
Konijn	Conejo
Kraag	Collar
Muis	Ratón
Papegaai	Loro
Poten	Patas
Puppy	Cachorro
Schildpad	Tortuga
Staart	Cola
Vis	Pescado
Voedsel	Comida
Water	Agua

Insecten
Insectos

Bidsprinkhaan	Mantis
Bij	Abeja
Bladluis	Áfido
Cicade	Cigarra
Horzel	Avispón
Kakkerlak	Cucaracha
Kever	Escarabajo
Larve	Larva
Libel	Libélula
Mier	Hormiga
Mot	Polilla
Mug	Mosquito
Sprinkhaan	Saltamontes
Termiet	Termita
Vlinder	Mariposa
Vlo	Pulga
Wesp	Avispa
Worm	Gusano

Installaties
Plantas

Bamboe	Bambú
Bes	Baya
Blad	Hoja
Bloem	Flor
Boom	Árbol
Boon	Frijol
Bos	Bosque
Cactus	Cactus
Flora	Flora
Gebladerte	Follaje
Gras	Hierba
Groeien	Crecer
Klimop	Hiedra
Mest	Fertilizante
Mos	Musgo
Plantkunde	Botánica
Struik	Arbusto
Tuin	Jardín
Vegetatie	Vegetación
Wortel	Raíz

Kampioenschap
Campeonato

Ademen	Respirar
Finalist	Finalista
Games	Juegos
Kampioen	Campeón
Kampioenschap	Campeonato
Liga	Liga
Medaille	Medalla
Motivatie	Motivación
Prestatie	Rendimiento
Rechter	Juez
Sport	Deportes
Strategie	Estrategia
Team	Equipo
Toernooi	Torneo
Trainer	Entrenador
Transpiratie	Transpiración
Zege	Victoria

Kastelen
Castillos

Draak	Dragón
Dynastie	Dinastía
Edele	Noble
Eenhoorn	Unicornio
Feodaal	Feudal
Harnas	Armadura
Katapult	Catapulta
Kerker	Mazmorra
Koninkrijk	Reino
Kroon	Corona
Muur	Pared
Paard	Caballo
Paleis	Palacio
Prins	Príncipe
Prinses	Princesa
Ridder	Caballero
Rijk	Imperio
Schild	Escudo
Toren	Torre
Zwaard	Espada

Katten
Gatos

Bont	Piel
Garen	Hilo
Gek	Loco
Grappig	Gracioso
Jager	Cazador
Klauw	Garra
Klein	Poco
Muis	Ratón
Nieuwsgierig	Curioso
Onafhankelijk	Independiente
Persoonlijkheid	Personalidad
Poot	Pata
Slaap	Dormir
Snel	Rápido
Speels	Juguetón
Staart	Cola
Verlegen	Tímido
Wild	Salvaje

Keuken
Cocina

Cup	Tazas
Eetstokjes	Palillos
Grill	Parrilla
Ketel	Caldera
Koelkast	Refrigerador
Kom	Tazón
Kruik	Jarra
Lepels	Cucharas
Messen	Cuchillos
Oven	Horno
Pollepel	Cucharón
Pot	Tarro
Recept	Receta
Schort	Delantal
Servet	Servilleta
Specerijen	Especias
Spons	Esponja
Voedsel	Comida
Vorken	Tenedores
Vriezer	Congelador

Kleding
Ropa

Armband	Pulsera
Blouse	Blusa
Broek	Pantalones
Handschoenen	Guantes
Hoed	Sombrero
Jas	Abrigo
Jasje	Chaqueta
Jurk	Vestido
Ketting	Collar
Mode	Moda
Pyjama	Pijama
Riem	Cinturón
Rok	Falda
Sandalen	Sandalias
Schoen	Zapato
Schort	Delantal
Shirt	Camisa
Sjaal	Bufanda
Sokken	Calcetines
Trui	Suéter

Kleuren
Colores

Azuur	Azur
Beige	Beige
Blauw	Azul
Bruin	Marrón
Cyaan	Cian
Fuchsia	Fucsia
Geel	Amarillo
Grijs	Gris
Groen	Verde
Indigo	Índigo
Magenta	Magenta
Oranje	Naranja
Paars	Púrpura
Rood	Rojo
Roze	Rosa
Sepia	Sepia
Wit	Blanco
Zwart	Negro

Klimmen
Escalada

Atmosfeer	Atmósfera
Deskundige	Experto
Fysiek	Físico
Gidsen	Guías
Grot	Cueva
Handschoenen	Guantes
Helm	Casco
Hoogte	Altitud
Kaart	Mapa
Kracht	Fuerza
Laarzen	Botas
Letsel	Lesión
Nieuwsgierigheid	Curiosidad
Opleiding	Formación
Smal	Estrecho
Stabiliteit	Estabilidad
Terrein	Terreno
Wandelen	Senderismo

Komedie
Comedia

Acteur	Actor
Actrice	Actriz
Applaus	Aplauso
Clowns	Payasos
Expressief	Expresivo
Gelach	Risa
Genre	Género
Grappen	Chistes
Grappig	Gracioso
Humor	Humor
Improvisatie	Improvisación
Parodie	Parodia
Plezier	Diversión
Publiek	Audiencia
Slim	Inteligente
Televisie	Televisión
Theater	Teatro

Kunst
Arte

Beeldhouwwerk	Escultura
Complex	Complejo
Creëren	Crear
Eenvoudig	Sencillo
Eerlijk	Honesto
Figuur	Figura
Geïnspireerd	Inspirado
Humeur	Humor
Keramisch	Cerámica
Onderwerp	Tema
Origineel	Original
Persoonlijk	Personal
Poëzie	Poesía
Portretteren	Retratar
Samenstelling	Composición
Schilderijen	Pinturas
Surrealisme	Surrealismo
Symbool	Símbolo
Uitdrukking	Expresión
Visueel	Visual

Kunstbenodigdheden
Suministros de Arte

Acryl	Acrílico
Aquarellen	Acuarelas
Borstels	Cepillos
Camera	Cámara
Creativiteit	Creatividad
Ezel	Caballete
Gom	Borrador
Houtskool	Carbón
Inkt	Tinta
Klei	Arcilla
Kleuren	Colores
Lijm	Pegamento
Olie	Aceite
Papier	Papel
Pastel	Pasteles
Potloden	Lápices
Stoel	Silla
Tafel	Mesa
Verf	Pinturas
Water	Agua

Landen #2
Países #2

Denemarken	Dinamarca
Ethiopië	Etiopía
Frankrijk	Francia
Griekenland	Grecia
Ierland	Irlanda
Indonesië	Indonesia
Japan	Japón
Kenia	Kenia
Laos	Laos
Libanon	Líbano
Liberia	Liberia
Maleisië	Malasia
Mexico	México
Nepal	Nepal
Nigeria	Nigeria
Oeganda	Uganda
Oekraïne	Ucrania
Rusland	Rusia
Somalië	Somalia
Syrië	Siria

Landschappen
Paisajes

Berg	Montaña
Eiland	Isla
Geiser	Géiser
Gletsjer	Glaciar
Grot	Cueva
Heuvel	Colina
Ijsberg	Iceberg
Meer	Lago
Moeras	Pantano
Oase	Oasis
Oceaan	Océano
Rivier	Río
Schiereiland	Península
Strand	Playa
Toendra	Tundra
Vallei	Valle
Vulkaan	Volcán
Waterval	Cascada
Woestijn	Desierto
Zee	Mar

Literatuur
Literatura

Analogie	Analogía
Analyse	Análisis
Anekdote	Anécdota
Auteur	Autor
Biografie	Biografía
Conclusie	Conclusión
Dialoog	Diálogo
Fictie	Ficción
Gedicht	Poema
Mening	Opinión
Metafoor	Metáfora
Poëtisch	Poético
Rijm	Rima
Ritme	Ritmo
Roman	Novela
Stijl	Estilo
Thema	Tema
Tragedie	Tragedia
Vergelijking	Comparación
Verteller	Narrador

Meditatie
Meditación

Aandacht	Atención
Aanvaarding	Aceptación
Ademhaling	Respiración
Beweging	Movimiento
Dankbaarheid	Gratitud
Emoties	Emociones
Gedachten	Pensamientos
Geluk	Felicidad
Helderheid	Claridad
Houding	Postura
Mededogen	Compasión
Mentaal	Mental
Muziek	Música
Natuur	Naturaleza
Observatie	Observación
Perspectief	Perspectiva
Stilte	Silencio
Vrede	Paz
Vriendelijkheid	Bondad
Wakker	Despierto

Meer Informatie
Ciencia Ficción

Bioscoop	Cine
Boeken	Libros
Brand	Fuego
Denkbeeldig	Imaginario
Dystopie	Distopía
Explosie	Explosión
Extreem	Extremo
Fantastisch	Fantástico
Futuristisch	Futurista
Illusie	Ilusión
Mysterieus	Misterioso
Orakel	Oráculo
Planeet	Planeta
Realistisch	Realista
Robots	Robots
Scenario	Escenario
Sterrenstelsel	Galaxia
Technologie	Tecnología
Utopie	Utopía
Wereld	Mundo

Menselijk Lichaam
Cuerpo Humano

Been	Pierna
Bloed	Sangre
Elleboog	Codo
Enkel	Tobillo
Hand	Mano
Hart	Corazón
Hersenen	Cerebro
Hoofd	Cabeza
Huid	Piel
Kaak	Mandíbula
Kin	Barbilla
Knie	Rodilla
Maag	Estómago
Mond	Boca
Nek	Cuello
Neus	Nariz
Oor	Oreja
Schouder	Hombro
Tong	Lengua
Vinger	Dedo

Metingen
Mediciones

Breedte	Ancho
Byte	Byte
Centimeter	Centímetro
Decimaal	Decimal
Diepte	Profundidad
Gewicht	Peso
Gram	Gramo
Hoogte	Altura
Inch	Pulgada
Kilogram	Kilogramo
Kilometer	Kilómetro
Lengte	Longitud
Liter	Litro
Massa	Masa
Meter	Metro
Minuut	Minuto
Ons	Onza
Pint	Pinta
Ton	Tonelada
Volume	Volumen

Meubels
Mueble

Bank	Banco
Bed	Cama
Boekenkast	Estantería
Bureau	Escritorio
Dekbedden	Edredones
Dressoir	Cómoda
Fauteuil	Sillón
Futon	Futón
Gordijnen	Cortinas
Hangmat	Hamaca
Kussen	Almohada
Kussens	Cojines
Lamp	Lámpara
Matras	Colchón
Planken	Estantes
Spiegel	Espejo
Stoel	Silla
Tapijt	Alfombra

Muziekinstrumenten
Instrumentos Musicales

Banjo	Banjo
Cello	Violonchelo
Fagot	Fagot
Fluit	Flauta
Gitaar	Guitarra
Gong	Gong
Harp	Arpa
Hobo	Oboe
Klarinet	Clarinete
Mandoline	Mandolina
Marimba	Marimba
Mondharmonica	Armónica
Percussie	Percusión
Piano	Piano
Saxofoon	Saxofón
Tamboerijn	Pandereta
Trombone	Trombón
Trommel	Tambor
Trompet	Trompeta
Viool	Violín

Mythologie
Mitología

Archetype	Arquetipo
Bliksem	Rayo
Creatie	Creación
Cultuur	Cultura
Donder	Trueno
Doolhof	Laberinto
Held	Héroe
Heldin	Heroína
Hemel	Cielo
Jaloezie	Celos
Kracht	Fuerza
Krijger	Guerrero
Legende	Leyenda
Magisch	Mágico
Monster	Monstruo
Onsterfelijkheid	Inmortalidad
Ramp	Desastre
Sterfelijk	Mortal
Wezen	Criatura
Wraak	Venganza

Natuur
Naturaleza

Arctisch	Ártico
Bijen	Abejas
Bos	Bosque
Dieren	Animales
Dynamisch	Dinámico
Erosie	Erosión
Gebladerte	Follaje
Gletsjer	Glaciar
Heiligdom	Santuario
Klippen	Acantilados
Mist	Niebla
Rivier	Río
Schoonheid	Belleza
Schuilplaats	Refugio
Sereen	Sereno
Tropisch	Tropical
Vitaal	Vital
Wild	Salvaje
Woestijn	Desierto
Wolken	Nubes

Oceaan
Océano

Aal	Anguila
Algen	Alga
Boot	Barco
Dolfijn	Delfín
Garnaal	Camarón
Getijden	Mareas
Haai	Tiburón
Koraal	Coral
Krab	Cangrejo
Kwal	Medusa
Octopus	Pulpo
Oester	Ostra
Rif	Arrecife
Schildpad	Tortuga
Spons	Esponja
Storm	Tormenta
Tonijn	Atún
Vis	Pescado
Walvis	Ballena
Zout	Sal

Om in te Vullen
Rellenar

Bekken	Cuenca
Buis	Tubo
Dienblad	Bandeja
Doos	Caja
Emmer	Cubo
Envelop	Sobre
Fles	Botella
Karton	Cartón
Koffer	Maleta
Lade	Cajón
Mand	Cesta
Map	Carpeta
Pakje	Paquete
Pot	Tarro
Vaas	Jarrón
Vat	Barril
Zak	Bolsillo

Piraten
Piratas

Anker	Ancla
Avontuur	Aventura
Bemanning	Tripulación
Eiland	Isla
Gevaar	Peligro
Goud	Oro
Grot	Cueva
Kaart	Mapa
Kapitein	Capitán
Kompas	Brújula
Legende	Leyenda
Litteken	Cicatriz
Oceaan	Océano
Papegaai	Loro
Rum	Ron
Schat	Tesoro
Slecht	Malo
Strand	Playa
Vlag	Bandera
Zwaard	Espada

Regenwoud
Selva Tropical

Amfibieën	Anfibios
Behoud	Preservación
Botanisch	Botánico
Diversiteit	Diversidad
Gemeenschap	Comunidad
Inheems	Indígena
Insecten	Insectos
Jungle	Selva
Klimaat	Clima
Mos	Musgo
Natuur	Naturaleza
Overleving	Supervivencia
Respect	Respeto
Restauratie	Restauración
Soort	Especie
Toevlucht	Refugio
Vogels	Pájaros
Waardevol	Valioso
Wolken	Nubes
Zoogdieren	Mamíferos

Restaurant #1
Restaurante #1

Allergie	Alergia
Bord	Plato
Brood	Pan
Eten	Comer
Ingrediënten	Ingredientes
Kassier	Cajero
Keuken	Cocina
Kip	Pollo
Koffie	Café
Kom	Tazón
Menu	Menú
Mes	Cuchillo
Pittig	Picante
Reservering	Reserva
Saus	Salsa
Serveerster	Camarera
Servet	Servilleta
Toetje	Postre
Vlees	Carne
Voedsel	Comida

Restaurant #2
Restaurante #2

Cake	Pastel
Diner	Cena
Drank	Bebida
Eieren	Huevos
Fruit	Fruta
Groente	Verduras
Heerlijk	Delicioso
Ijs	Hielo
Lepel	Cuchara
Lunch	Almuerzo
Noedels	Fideos
Ober	Camarero
Salade	Ensalada
Soep	Sopa
Specerijen	Especias
Stoel	Silla
Vis	Pescado
Vork	Tenedor
Water	Agua
Zout	Sal

Rijden
Conduciendo

Auto	Coche
Brandstof	Combustible
Garage	Garaje
Gas	Gas
Gevaar	Peligro
Kaart	Mapa
Licentie	Licencia
Motor	Motor
Motorfiets	Motocicleta
Ongeluk	Accidente
Politie	Policía
Remmen	Frenos
Snelheid	Velocidad
Straat	Calle
Tunnel	Túnel
Veiligheid	Seguridad
Verkeer	Tráfico
Voetganger	Peatonal
Vrachtauto	Camión
Weg	Carretera

Schaken
Ajedrez

Diagonaal	Diagonal
Kampioen	Campeón
Koning	Rey
Koningin	Reina
Leren	Aprender
Offer	Sacrificio
Passief	Pasivo
Punten	Puntos
Reglement	Reglas
Slim	Inteligente
Spel	Juego
Speler	Jugador
Strategie	Estrategia
Tegenstander	Oponente
Tijd	Tiempo
Toernooi	Torneo
Wedstrijd	Concurso
Wit	Blanco
Zwart	Negro

School #1
Escuela #1

Alfabet	Alfabeto
Antwoorden	Respuestas
Bibliotheek	Biblioteca
Boeken	Libros
Bureau	Escritorio
Examens	Exámenes
Klaslokaal	Aula
Leraar	Profesor
Leren	Aprender
Lunch	Almuerzo
Mappen	Carpetas
Markeringen	Marcadores
Papier	Papel
Pennen	Plumas
Plezier	Diversión
Potlood	Lápiz
Quiz	Examen
Stoel	Silla
Vrienden	Amigos
Wiskunde	Matemática

School #2
Escuela #2

Academisch	Académico
Bibliotheek	Biblioteca
Boeken	Libros
Bus	Autobús
Computer	Ordenador
Grammatica	Gramática
Huiswerk	Deberes
Kalender	Calendario
Leraar	Profesor
Literatuur	Literatura
Onderwijs	Educación
Papier	Papel
Pennen	Plumas
Potlood	Lápiz
Rugzak	Mochila
Schaar	Tijeras
Schoenen	Zapatos
Wetenschap	Ciencia
Wiskunde	Matemática
Woordenboek	Diccionario

Specerijen
Especias

Anijs	Anís
Bitter	Amargo
Fenegriek	Fenogreco
Gember	Jengibre
Kaneel	Canela
Kardemom	Cardamomo
Kerrie	Curry
Knoflook	Ajo
Komijn	Comino
Koriander	Cilantro
Kruidnagel	Clavo
Nootmuskaat	Nuez Moscada
Paprika	Pimentón
Saffraan	Azafrán
Smaak	Sabor
Ui	Cebolla
Vanille	Vainilla
Venkel	Hinojo
Zoet	Dulce
Zout	Sal

Speelgoed
Juguetes

Ambachten	Artesanía
Auto	Coche
Bal	Bola
Boeken	Libros
Boot	Barco
Drums	Tambores
Favoriet	Favorlto
Fiets	Bicicleta
Games	Juegos
Klei	Arcilla
Pop	Muñeca
Puzzel	Rompecabezas
Robot	Robot
Schaak	Ajedrez
Trein	Tren
Verbeelding	Imaginación
Verf	Pinturas
Vlieger	Cometa
Vliegtuig	Avión
Vrachtauto	Camión

Sport
Deportes

Atleet	Atleta
Basketbal	Baloncesto
Beweging	Movimiento
Fiets	Bicicleta
Golf	Golf
Gymnasium	Gimnasio
Gymnastiek	Gimnasia
Hockey	Hockey
Honkbal	Béisbol
Kampioenschap	Campeonato
Scheidsrechter	Árbitro
Spel	Juego
Speler	Jugador
Stadion	Estadio
Team	Equipo
Tennis	Tenis
Trainer	Entrenador
Winnaar	Ganador
Zwemmen	Nadar

Stad
Ciudad
Apotheek	Farmacia
Bakkerij	Panadería
Bank	Banco
Bibliotheek	Biblioteca
Bioscoop	Cine
Bloemist	Florista
Boekhandel	Librería
Dierentuin	Zoo
Galerij	Galería
Hotel	Hotel
Kliniek	Clínica
Luchthaven	Aeropuerto
Markt	Mercado
Museum	Museo
School	Escuela
Stadion	Estadio
Supermarkt	Supermercado
Theater	Teatro
Universiteit	Universidad
Winkel	Tienda

Strand
Playa
Blauw	Azul
Boot	Barco
Eiland	Isla
Handdoek	Toalla
Krab	Cangrejo
Kust	Costa
Lagune	Laguna
Oceaan	Océano
Paraplu	Paraguas
Rif	Arrecife
Sandalen	Sandalias
Vakantie	Vacaciones
Zand	Arena
Zee	Mar
Zeilboot	Velero
Zon	Sol
Zwemmen	Nadar

Surfen
Surf
Atleet	Atleta
Beginner	Principiante
Extreem	Extremo
Golf	Ola
Kampioen	Campeón
Kracht	Fuerza
Maag	Estómago
Menigte	Multitudes
Oceaan	Océano
Peddelen	Remo
Plezier	Diversión
Populair	Popular
Rif	Arrecife
Schuim	Espuma
Snelheid	Velocidad
Spray	Rociar
Stijl	Estilo
Strand	Playa
Weer	Clima
Zwemmen	Nadar

Technologie
Tecnología
Bericht	Mensaje
Bestand	Archivo
Blog	Blog
Browser	Navegador
Bytes	Bytes
Camera	Cámara
Computer	Ordenador
Cursor	Cursor
Digitaal	Digital
Gegevens	Datos
Internet	Internet
Lettertype	Fuente
Onderzoek	Investigación
Scherm	Pantalla
Software	Software
Statistiek	Estadísticas
Veiligheid	Seguridad
Virtueel	Virtual
Virus	Virus

Tijd
Tiempo
Dag	Día
Decennium	Década
Eeuw	Siglo
Gisteren	Ayer
Jaar	Año
Jaarlijks	Anual
Kalender	Calendario
Klok	Reloj
Maand	Mes
Middag	Mediodía
Minuut	Minuto
Na	Después
Nacht	Noche
Nu	Ahora
Ochtend	Mañana
Toekomst	Futuro
Uur	Hora
Vandaag	Hoy
Vroeg	Temprano
Week	Semana

Tuin
Jardín
Bank	Banco
Bloem	Flor
Boom	Árbol
Boomgaard	Huerto
Garage	Garaje
Gazon	Césped
Gras	Hierba
Hangmat	Hamaca
Hark	Rastrillo
Hek	Valla
Onkruid	Malezas
Rotsen	Rocas
Schop	Pala
Slang	Manguera
Struik	Arbusto
Terras	Terraza
Trampoline	Trampolín
Tuin	Jardín
Vijver	Estanque
Wijnstok	Vid

Vakantie #2
Vacaciones #2

Bestemming	Destino
Buitenlander	Extranjero
Eiland	Isla
Hotel	Hotel
Kaart	Mapa
Kamperen	Camping
Luchthaven	Aeropuerto
Paspoort	Pasaporte
Reis	Viaje
Reserveringen	Reservas
Restaurant	Restaurante
Strand	Playa
Taxi	Taxi
Tent	Carpa
Trein	Tren
Vakantie	Vacaciones
Vervoer	Transporte
Visum	Visa
Vrije Tijd	Ocio
Zee	Mar

Verjaardag
Cumpleaños

Cake	Pastel
Dag	Día
Geboren	Nacer
Gelukkig	Feliz
Geschenk	Regalo
Herinneringen	Recuerdos
Jaar	Año
Jong	Joven
Kaarsen	Velas
Kaarten	Tarjetas
Kalender	Calendario
Lied	Canción
Partij	Partido
Plezier	Diversión
Speciaal	Especial
Tijd	Tiempo
Uitnodigingen	Invitaciones
Viering	Celebración
Vrienden	Amigos
Wijsheid	Sabiduría

Vissen
Pesca

Aas	Cebo
Apparatuur	Equipo
Boot	Barco
Draad	Cable
Geduld	Paciencia
Gewicht	Peso
Haak	Gancho
Kaak	Mandíbula
Kieuwen	Branquias
Kok	Cocinar
Mand	Cesta
Meer	Lago
Oceaan	Océano
Overdrijving	Exageración
Rivier	Río
Seizoen	Temporada
Strand	Playa
Vinnen	Aletas
Water	Agua

Vliegtuigen
Aviones

Afdaling	Descenso
Atmosfeer	Atmósfera
Avontuur	Aventura
Ballon	Globo
Bemanning	Tripulación
Bouw	Construcción
Brandstof	Combustible
Geschiedenis	Historia
Hemel	Cielo
Hoogte	Altura
Landen	Aterrizaje
Lucht	Aire
Motor	Motor
Navigeren	Navegar
Ontwerp	Diseño
Passagier	Pasajero
Piloot	Piloto
Richting	Dirección
Turbulentie	Turbulencia
Waterstof	Hidrógeno

Voeding
Nutrición

Bitter	Amargo
Calorieën	Calorías
Dieet	Dieta
Eetbaar	Comestible
Eetlust	Apetito
Eiwitten	Proteínas
Evenwichtig	Equilibrado
Fermentatie	Fermentación
Gewicht	Peso
Gezond	Saludable
Gezondheid	Salud
Koolhydraten	Carbohidratos
Kwaliteit	Calidad
Saus	Salsa
Smaak	Sabor
Spijsvertering	Digestión
Toxine	Toxina
Vitamine	Vitamina
Vloeistoffen	Líquidos
Voedingsstof	Nutriente

Voertuigen
Vehículos

Ambulance	Ambulancia
Auto	Coche
Banden	Neumáticos
Boot	Barco
Bus	Autobús
Caravan	Caravana
Fiets	Bicicleta
Helikopter	Helicóptero
Metro	Metro
Motor	Motor
Onderzeeër	Submarino
Raket	Cohete
Scooter	Scooter
Taxi	Taxi
Tractor	Tractor
Trein	Tren
Veerboot	Ferry
Vliegtuig	Avión
Vlot	Balsa
Vrachtauto	Camión

Vogels
Pájaros

Duif	Paloma
Eend	Pato
Ei	Huevo
Flamingo	Flamenco
Gans	Ganso
Kip	Pollo
Koekoek	Cuco
Kraai	Cuervo
Meeuw	Gaviota
Mus	Gorrión
Ooievaar	Cigüeña
Papegaai	Loro
Pauw	Pavo Real
Pelikaan	Pelícano
Pinguïn	Pingüino
Reiger	Garza
Struisvogel	Avestruz
Toekan	Tucán
Uil	Búho
Zwaan	Cisne

Vormen
Formas

Bol	Esfera
Boog	Arco
Cilinder	Cilindro
Cirkel	Círculo
Curve	Curva
Driehoek	Triángulo
Hoek	Esquina
Hyperbool	Hipérbola
Kant	Lado
Kegel	Cono
Kubus	Cubo
Lijn	Línea
Ovaal	Oval
Piramide	Pirámide
Prisma	Prisma
Randen	Bordes
Rechthoek	Rectángulo
Ronde	Ronda
Veelhoek	Polígono
Vierkant	Cuadrado

Wandelen
Senderismo

Berg	Montaña
Dieren	Animales
Gidsen	Guías
Kaart	Mapa
Kamperen	Camping
Klif	Acantilado
Klimaat	Clima
Laarzen	Botas
Moe	Cansado
Muggen	Mosquitos
Natuur	Naturaleza
Oriëntatie	Orientación
Parken	Parques
Stenen	Piedras
Top	Cumbre
Voorbereiding	Preparación
Water	Agua
Wild	Salvaje
Zon	Sol
Zwaar	Pesado

Water
Agua

Douche	Ducha
Drinkbaar	Potable
Geiser	Géiser
Golven	Olas
Ijs	Hielo
Irrigatie	Riego
Kanaal	Canal
Meer	Lago
Moesson	Monzón
Oceaan	Océano
Orkaan	Huracán
Overstroming	Inundación
Regen	Lluvia
Rivier	Río
Sneeuw	Nieve
Stoom	Vapor
Verdamping	Evaporación
Vochtig	Húmedo
Vochtigheid	Humedad
Vorst	Helada

Weersomstandigheden
Clima

Atmosfeer	Atmósfera
Bliksem	Rayo
Donder	Trueno
Droogte	Sequía
Hemel	Cielo
Ijs	Hielo
Klimaat	Clima
Mist	Niebla
Moesson	Monzón
Orkaan	Huracán
Overstroming	Inundación
Polair	Polar
Regenboog	Arco Iris
Storm	Tormenta
Temperatuur	Temperatura
Tornado	Tornado
Tropisch	Tropical
Vochtig	Húmedo
Wind	Viento
Wolk	Nube

Wetenschap
Ciencia

Atoom	Átomo
Chemisch	Químico
Deeltjes	Partículas
Evolutie	Evolución
Experiment	Experimento
Feit	Hecho
Fossiel	Fósil
Gegevens	Datos
Hypothese	Hipótesis
Klimaat	Clima
Laboratorium	Laboratorio
Methode	Método
Mineralen	Minerales
Moleculen	Moléculas
Natuur	Naturaleza
Natuurkunde	Física
Observatie	Observación
Organisme	Organismo
Wetenschapper	Científico
Zwaartekracht	Gravedad

Wetenschappelijke Discip
Disciplinas Científicas

Anatomie	Anatomía
Archeologie	Arqueología
Astronomie	Astronomía
Biochemie	Bioquímica
Biologie	Biología
Chemie	Química
Ecologie	Ecología
Fysiologie	Fisiología
Geologie	Geología
Immunologie	Inmunología
Mechanica	Mecánica
Meteorologie	Meteorología
Mineralogie	Mineralogía
Neurologie	Neurología
Plantkunde	Botánica
Psychologie	Psicología
Robotica	Robótica
Sociologie	Sociología
Thermodynamica	Termodinámica
Voeding	Nutrición

Wiskunde
Matemáticas

Decimaal	Decimal
Diameter	Diámetro
Divisie	División
Driehoek	Triángulo
Exponent	Exponente
Fractie	Fracción
Geometrie	Geometría
Hoeken	Ángulos
Loodrecht	Perpendicular
Omtrek	Perímetro
Parallel	Paralelo
Parallellogram	Paralelogramo
Rechthoek	Rectángulo
Rekenkundig	Aritmética
Som	Suma
Symmetrie	Simetría
Veelhoek	Polígono
Vergelijking	Ecuación
Vierkant	Cuadrado
Volume	Volumen

Zomer
Verano

Boeken	Libros
Duiken	Buceo
Familie	Familia
Herinneringen	Recuerdos
Huis	Hogar
Kamperen	Camping
Muziek	Música
Ontspanning	Relajación
Reis	Viaje
Sandalen	Sandalias
Sterren	Estrellas
Strand	Playa
Tuin	Jardín
Vakantie	Vacaciones
Voedsel	Comida
Vreugde	Alegría
Vrienden	Amigos
Vrije Tijd	Ocio
Zee	Mar
Zwemmen	Nadar

Zoogdieren
Mamíferos

Aap	Mono
Bever	Castor
Coyote	Coyote
Dolfijn	Delfín
Ezel	Burro
Geit	Cabra
Giraf	Jirafa
Gorilla	Gorila
Hond	Perro
Kameel	Camello
Kangoeroe	Canguro
Kat	Gato
Konijn	Conejo
Leeuw	León
Olifant	Elefante
Paard	Caballo
Stier	Toro
Vos	Zorro
Walvis	Ballena
Wolf	Lobo

Gefeliciteerd

Je hebt het gehaald!

We hopen dat u net zoveel plezier beleeft aan dit boek als wij aan het maken ervan. We doen ons best om spellen van hoge kwaliteit te maken.
Deze puzzels zijn op een slimme manier ontworpen zodat je actief kunt leren terwijl je plezier hebt!

Vond je ze mooi?

Een Eenvoudig Verzoek

Onze boeken bestaan dankzij de recensies die zij publiceren. Kunt u ons helpen door nu een mening achter te laten ?

Hier is een korte link die u naar uw bestellingen beoordelingspagina.

BestBooksActivity.com/Recensie50

FINAAL UITDAGING!

Uitdaging nr. 1

Klaar voor uw bonusspel? We gebruiken ze de hele tijd, maar ze zijn niet zo gemakkelijk te vinden. Hier zijn **Synoniemen!**

Noteer 5 woorden die je ontdekt hebt in elk van de onderstaande puzzels (nr. 21, nr. 36, nr. 76) en probeer voor elk woord 2 synoniemen te vinden.

Notitie 5 Woorden uit **Puzzle 21**

Woorden	Synoniem 1	Synoniem 2

Notitie 5 Woorden uit **Puzzle 36**

Woorden	Synoniem 1	Synoniem 2

Notitie 5 Woorden uit **Puzzle 76**

Woorden	Synoniem 1	Synoniem 2

Uitdaging nr. 2

Nu je opgewarmd bent, noteer 5 woorden die je ontdekt hebt in elke hieronder genoteerde puzzel (nr. 9, nr. 17, nr. 25) en probeer voor elk woord 2
antoniemen te vinden. Hoeveel regels kan je doen in 20 minuten?

Notitie 5 Woorden uit **Puzzle 9**

Woorden	Antoniem 1	Antoniem 2

Notitie 5 Woorden uit **Puzzle 17**

Woorden	Antoniem 1	Antoniem 2

Notitie 5 Woorden uit **Puzzle 25**

Woorden	Antoniem 1	Antoniem 2

Uitdaging nr. 3

Prachtig, deze finaal uitdaging is makkelijk voor jou!

Klaar voor de laatste? Kies je 10 favoriete woorden die je in een van de puzzels hebt ontdekt en noteer ze hieronder.

1.	6.
2.	7.
3.	8.
4.	9.
5.	10.

De uitdaging is nu om met deze woorden en binnen een maximum van zes zinnen een tekst te schrijven over een persoon, dier of plaats waar je van houdt!

Tip: U kunt de laatste blanco pagina van dit boek als kladblaadje gebruiken!

Je schrijven:

NOTITIEBOEKJE:

TOT SNEL!

GENIET VAN GRATIS SPELLEN

GO

↓

BESTACTIVITYBOOKS.COM/FREEGAMES